SIGNATURE

시그니처

SIGNATURE

새로운 시대를 대비하는 나만의 경쟁력

시그니처

이항심 지음

나다움을
성공동력으로 만드는
7가지 비밀

"나답게 일하며 행복할 순 없을까?"

다산북스

당신의 서명으로 이 책은 완성됩니다.

[*My signature*]

The Road Not Taken

Two roads diverged in a yellow wood,
And sorry I could not travel both
And be one traveler, long I stood
And looked down one as far as I could
To where it bent in the undergrowth;

Then took the other, as just as fair,
And having perhaps the better claim,
Because it was grassy and wanted wear;
Though as for that the passing there
Had worn them really about the same,

And both that morning equally lay
In leaves no step had trodden black.
Oh, I kept the first for another day!
Yet knowing how way leads on to way,
I doubted if I should ever come back.

I shall be telling this with a sigh
Somewhere ages and ages hence:
Two roads diverged in a wood, and I—
I took the one less traveled by,
And that has made all the difference.

가지 않은 길*

로버트 프로스트(피천득 역)

노란 숲 속에 길이 두 갈래로 났었습니다.
나는 두 길을 다 가지 못하는 것을 안타깝게 생각하면서,
오랫동안 서서 한 길이 굽어 꺾여 내려간 데까지,
바라다볼 수 있는 데까지 멀리 바라다보았습니다.

그리고, 똑같이 아름다운 다른 길을 택했습니다.
그 길에는 풀이 더 있고 사람이 걸은 자취가 적어,
아마 더 걸어야 될 길이라고 나는 생각했었던 게지요.
그 길을 걸으므로, 그 길도 거의 같아질 것이지만.

그 날 아침 두 길에는
낙엽을 밟은 자취는 없었습니다.
아, 나는 다음 날을 위하여 한 길은 남겨 두었습니다.
길은 길에 연하여 끝없으므로
내가 다시 돌아올 것을 의심하면서….

훗날에 훗날에 나는 어디선가
한숨을 쉬며 이야기할 것입니다.
숲 속에 두 갈래 길이 있었다고,
나는 사람이 적게 간 길을 택하였다고,
그리고 그것 때문에 모든 것이 달라졌다고.

* 피천득 편역, 『착하게 살아온 나날』, 민음사, 2018.

프롤로그

새로운 시대, 나만의 시그니처를 찾아라

"가장 개인적인 것이 가장 창의적인 것이다!"

한국인 최초 아카데미 4관왕을 차지한 봉준호 감독은 평소 존경하던 마틴 스콜세지 Martin Scorsese 감독의 말을 빌려 수상 소감을 전했다. 이 말에는 작품의 본질에 가장 봉준호다운 것, 자신만의 시그니처를 발현했다는 의미가 담겨 있다. 그의 영화를 다른 사람이 대체할 수 있을까? 아마 불가능할 것이다. 영화에 드러난 봉준호 감독의 세계관은 그만의 고유한 정체성을 표현하고 있다. 이렇듯 누구도 대체할 수 없는 나만의 정체성을 '시그니처 signature'라고 한다.

시그니처의 사전적 의미는 '자신의 이름을 적는 서명' 혹은 '한 사람이나 사물의 대표적인 것'이다. "우리 레스토랑의 시그니처 메뉴입니다" 혹은 "우리 골프장의 시그니처 홀입니다"와 같이 말이다. 이 책에서 시그니처는 누구도 대체할 수 없는 나만의 고유성, 즉 나를 구성하는 여러 가지 자기다움 중에 나를 가장 잘 드러낼 수 있는 대표적인 강점을 말한다.

우리 안의 보석, 시그니처를 발견하라

보석을 훔친 도둑이 파수꾼에게 쫓기고 있었다. 도둑은 길거리에 있는 거지의 주머니에 보석을 슬쩍 넣고 도망갔다. 파수꾼을 따돌리고 다시 찾아올 심산이었다. 그런데 도둑은 도망가는 도중에 불의의 사고로 죽었다. 그러면 그 거지는 어떻게 되었을까? 거지는 자신의 주머니에 평생을 편안하게 살 수 있을 만큼 값비싼 보석이 있다는 사실을 꿈에도 모른 채 평생을 구걸하며 살다 생을 마감했다.

고대 인도에서 전해졌다는 이 이야기를 듣고 우리도 이 불쌍한 거지와 같지 않은지 생각해보게 된다. 이미 우리 안에 있는 보석을 알아차리지 못하고, 알아차리지 못하니 사용도 하지 못하고 외부에서 자신을 구원해줄 무언가를 힘들게 찾고 있지는 않은가.

우리 주머니 속 빛나는 보석이 바로 시그니처다. 이 책을 통해 시그니처의 재료는 외부에서 구하는 것이 아니라 우리 안에 있다는 말을 해주고 싶다. 이를 알아차리기만 한다면 누구나 시그니처를 찾을 수 있다. 이 얼마나 다행인가!

또 시그니처는 고정되어 있지 않다. 나의 성장과 함께 더 확장되기도 하고 사회의 필요와 맥락에 따라 다양한 모습으로 변형될 수 있다. 다시 말해, 시그니처는 우리 삶의 긴 여정 속에서 만들어지고 다듬어진다는 특징을 가졌다.

그러므로 당장 내 시그니처가 무엇인지 모른다고 해서 실망할 필요는 없다. 시그니처가 없는 것이 아니라 있는데 잘 모르고 있을 수도 있고, 시그니처를 만들어가는 과정이라서 뚜렷하게 보이지 않을 수도 있다. 과정과 맥락에 중점을 두고 나만의 시그니처를 찾아가는 노력을 해야 한다.

이 책을 통해 '나의 시그니처는 무엇인가' 생각해보는 계기가 되었으면 한다. 또한 이를 알고 인식하는 것에 그치지 않고 자신의 일과 삶에 적용해볼 수 있기를 바란다. 나의 고유성인 시그니처를 알아채지 못하고, 활용하지 않는다면 내 안에 있는 시그니처의 씨앗은 거지의 주머니 속 보석과 같기 때문이다.

시그니처 프로젝트의 시작

상담심리학을 전공하던 내가 그중에서도 진로심리학을 연구하게 된 것은 심리학 석사과정의 지도교수이자 멘토인 유성경 교수님의 진로연구 팀에 들어간 것이 계기가 되었다. 진로심리학은 청소년뿐만 아니라 성인부터 노년까지 전 생에 걸쳐 일과 관련된 인간의 심리와 행동을 다루는 학문이다.

주변을 둘러보니 졸업을 하고 좋은 회사에 취직한 친구들조차 진로 고민이 끊이지 않았다. 이 회사를 계속 다녀야 할까, 그만둔다면 무슨 일을 해야 할까 고민하는 사람들이 많았다. 사람이 하루에 8시간 이상 일을 하는데 개인적으로 만족하면서 사회적으로도 의미 있는 일을 하며 살 수는 없을까 하는 고민과 관심에서 진로심리학에 대한 나의 여정이 시작되었다.

한국에서 석사를 마치고 2008년에 미국으로 건너가 9년간 상담심리 박사과정 유학생으로, 교수로 경험을 쌓다가 2017년 가을에 한국으로 돌아왔다. 와서 보니 한국 사회는 정말 무서운 속도로 변화하고 있었다. 작은 나라에 많은 사람이 모여 살아서 그런지 그 변화가 더욱 피부에 와닿았다. 나는 특히 대학교에서 학생들을 가르치는 입장이라 학생들이 느끼는 취업에 대한 불안감, 빠르게 변화하는 미래에 대한 두려움이 크다는 걸 체감할 수 있었다. 학생들이 종종 자신을 흙수저로 규정하고, '난 안 될 거야', '이번 생은 망했어'라며 미래의 성공을 스스로 제한하고 무력감에 빠진 모습을 보면 교수로서 참 안타까울 때가 많았다.

일터에서도 개인의 불안감은 심각했다. 업무 과다, 형식뿐인 워라밸, 갑질 등으로 사람들은 일하며 자신이 소진된다는 느낌을 받

11

고 있었고, 이는 번아웃 증후군으로 이어지고 있었다. 그뿐만 아니라 현재 일을 하면서도 '이 일을 언제까지 할 수 있을까? 이 일이 나와 맞는 것인가? 맞지 않아도 참고 계속해야 하는가? 그렇다면 나와 맞는 일은 무엇인가?'에 대한 고민이 끊이지 않았다. 여기에 AI 시대의 도래로 인공지능이 나의 일을 대신하게 되진 않을지 불안해하는 사람도 많았다.

이런 상황에서 학생들과 방황하는 직장인들, 이직이나 창업을 꿈꾸는 사람들에게는 무슨 이야기를 해주어야 할까? 또 기업을 운영하는 리더들이 급격한 사회 변화의 흐름에 적응하기 위해 생각해볼 문제들은 무엇일까? 일의 미래를 어떻게 준비하고 만들어갈 것인가에 대한 답을 찾기 위해 연구를 진행한 것이 바로 '시그니처 프로젝트'다.

2018년 초여름부터 시작된 이 프로젝트를 위해 인터뷰를 진행했다. 자기다운 일을 하겠다는 목표로 기존에 없던 새로운 일을 창출하여 '가지 않은 길'을 '나의 길'로 만든 12인의 리더를 직접 만나 깊은 이야기를 나눌 수 있었다. 이전에 직장에 다니던 사람도 있었고 학생이었던 사람도 있었다. 그들이 현재의 일을 시작하게 된 배경은 다양했으나 스스로 더 나다운 일이 무엇인지 고민하고 자신의 시그니처를 찾아 용기 내 움직였다는 것은 공통적이었다.

인터뷰 결과를 살펴보니, 이들은 놀랍게도 공통된 '심리 자산'을 갖고 있었다. 그리고 이 공통된 심리 자산은 결정적으로 이들이 '시그니처'를 발현하도록 만들어 누구도 대체할 수 없는 경쟁력으로 작용하고 있다는 점을 알 수 있었다. 또한 심리 자산은 개인이 키울 수 있는 부분도 있지만 일터의 환경이나 문화도 중요한 영향을 미친다는 사실을 알게 되었다. 이는 진로심리학 이론과 많은 양적·질적 연구 결과들이 뒷받침해주고 있었다. 심리학 이론과 연구 결과는 시그니처 프로젝트에 참여한 12인의 사례와 함께 책의 곳곳에 소개하겠다.

인터뷰에 참여한 12인

이들에 대한 자세한 설명은 부록을 참고하시기 바란다.

- 토스 Toss 이승건 대표
- 스타일쉐어 StyleShare 윤자영 대표
- 글로우 레시피 Glow Recipe 사라 리 Sarah Lee 대표
- 옐로우독 Yellowdog 제현주 대표
- 크래프톤 Krafton 장병규 의장
- 휴먼스케이프 Humanscape 장민후 대표
- 매쉬업엔젤스 MashupAngels 이택경 대표
- 크레비스파트너스 Crevisse Partners 김재현 대표
- 팜스킨 Farmskin 곽태일 대표
- TCK 인베스트먼트 마크 테토 Mark Tetto

- 레드테이블 REDTABLE 도해용 대표
- 킹스베이 캐피털 KingsBay Capital 신명철 Daniel Shin 대표

이 책의 구성

앞으로 도래하는 AI 시대는 궁극적으로 나에게 '어떤 미래를 살고 싶은지'에 대한 질문을 던진다. 이 질문에 답하기 위해 우선 미래가 어디로 향하고 있는지에 대한 이해가 필요하다. 시대 변화와 흐름을 고려하여 무엇을 어떻게 준비하는지에 따라 나의 미래는 완전히 달라질 수 있기 때문이다. 그래서 이 책을 총 4부로 구성하여 1부에서는 시대의 흐름 속에서 변화의 핵심은 무엇인지 명확히 짚어주고, 현재 일과 관련된 개인의 갈등이 왜 커지는지 진로심리학적 관점에서 이유와 대안을 제시한다.

2부에서는 이 급격한 시대 변화의 흐름 속에서 나만의 시그니처로 성공한 사람들의 비밀을 밝힌다. 이들이 자기다운 일을 하면서 성공할 수 있었던 동력인 심리 자산 중 공통적인 7가지를 뽑아 주요 진로심리 이론과 함께 소개한다. 심리 자산이라는 용어가 어렵게 느껴질 수도 있지만 '내적인 힘'으로 이해해도 무방하다. 쉬운 말로 대체하지 않고 심리 자산이라는 학술 용어를 그대로 쓴 이유는 눈에 보이는 경제재만이 자산이 아니라는 메시지를 전하고 싶었기 때문이다. 보이지 않지만 모두가 갖고 있는 내적인 힘

도 중요한 자산이 될 수 있다는 인식을 가졌으면 하는 바람이다.

3부에서는 시그니처를 꽃피울 수 있는 일터와 시스템에 대해 소개한다. 기존의 많은 자기계발서가 개인에게 집중해 '열심히 자기를 계발하라'고 외친다. 개인이 할 수 있는 부분도 있지만, 개인이 아무리 열심히 노력하더라도 현실적으로 환경이나 조직문화가 따라주지 않으면 한계가 있는 법인데 너무 개인에게만 무거운 짐을 지우는 게 아닌가 하는 생각이 들었다. 그래서 이 책은 기존의 자기계발서의 한계를 보완하고자 일터의 구성원인 개인과 리더가 함께 시그니처를 활성화하기 위해 어떤 환경을 조성해야 하는지에 대한 이야기를 담았다.

마지막 4부에서는 나의 시그니처를 확장하기 위한 마인드셋에 대해 이야기한다. 기술의 발달과 인공지능의 등장으로 일자리에 대한 불안감이 높아지는 시대에 기계에 대체되지 않고 나만의 인간다운 고유성을 확장하며 일할 수 있도록 수용 Acceptance과 통합 integration의 'A.I.'라는 새로운 관점을 제시한다.

자신만의 답을 찾을 수 있기를

진로심리학자로서 활동을 하다 보면 일에 대해 고민하는 다양한 사람을 만나게 된다. 현재 하는 일과 일하는 방식에 대한 고민, 미래의 나의 직업이 사라지지는 않을까 하는 불안, 그 와중에 일을 잘하고 싶고, 사회에 도움이 되는 일을 하고 싶은 다양한 마음과 마주하게 된다. 그들의 이야기를 듣고 있노라면 나의 마음도 같이 넘실댄다. 함께 고민하고 답을 찾아줘야 할 것 같은 생각이 든다. 하지만 나는 우리에게 자신만의 답을 스스로 찾을 능력이 있다는 것을 알고 있다. 단지 함께 고민하고 나눌 공간과 사람이 필요할 뿐, 이 책이 그 공간이 되었으면 좋겠다.

이 책이 특히 아래에 해당하는 사람들에게 도움이 되었으면 하는 마음이다.

- 나에게 맞는 일을 하며 성장하고 성공하고 싶은 직장인과 학생
- 이직과 퇴사로 새로운 일을 준비하는 사람들
- 조직 내에서 밀레니얼 세대의 이탈을 막고, 신나게 일할 수 있는 문화를 만들고 싶은 리더
- 미래 경쟁력을 키우는 조직을 만드는 데 관심 있는 HR 담당자들
- 미래를 이끌어갈 인재를 키우는 교육자나 부모

이 책을 활용하는 가장 좋은 방법은 읽는 것에서 그치지 않고 자신의 삶에 적용해보는 것이다. 백 번의 생각보다 한 번의 실행

이 더 효과적이다. 특히 2부의 각 장에는 독자들이 스스로 심리 자산을 활성화할 수 있는 활동과 질문을 넣었으니 활용하시기 바란다.

　마지막으로 이 책을 통해 일에 대한 여러분들의 경험이 궁극적으로 자신의 존엄성을 높이고 자신과의 연결을 강화하는 방향으로 조금이나마 도움이 될 수 있다면 큰 기쁨이겠다.

디지털 혁명으로 새로운 일의 시대가 오고 있다. 새로운 시대 앞에서 변화에 대한 '준비'보다 변화에 대한 '이해'가 우선되어야 한다. 그런데 이토록 커다란 시대적 변화를 경제학, 정치학, 역사적 관점에서 살펴보는 경우는 많지만 심리학의 관점에서 분석한 책은 없었다. 1장에서는 디지털 혁명이 가져온 일의 지형 변화와 함께 잦은 이직과 퇴사 열풍, 미래의 내 일에 대한 불안과 걱정을 심리학적 관점에서 살펴본다. 불확실성이 높아지는 미래에 시그니처를 살리며 성장할 수 있는 방법은 무엇인지 각자의 답을 얻어가길 바란다. 나의 이야기이기도 하고 당신의 이야기이기도 한 우리의 '일 이야기'를 함께 나누어보자.

1부

새로운
일의
시대가 온다

불안하게 일할 것인가,
대체 불가능한 나로
성장할 것인가

불안한 당신,
당신은 정상입니다

"나는 미래가 어떻게 전개될지는 모르지만
누가 그 미래를 결정하는지는 안다."

— 오프라 윈프리(Oprah Winfrey), 방송인

"나이 들어서도 지금 하는 일을 계속할 수 있을까?"

"인공지능 기술이 점점 발달한다는데, 나도 곧 기계에 대체되는 건 아닐까?"

"미래에 내 직업이 사라지면 어떡하지?"

일하는 사람이라면 누구나 이런 고민을 안고 있다.

2014년부터 2017년까지 방송했던 「비정상회담」이라는 프로그램이 있다. 매회 다양한 직업을 가진 출연자가 안건을 들고 나와서 "○○한 나, 비정상인가요?"라고 질문하면 각기 다른 나라에서 온 사람들이 본인 나라의 문화나 배경을 바탕으로 이야기하면서 함께 답을 찾아가는 프로그램이었다. 지금도 많은 사람이 「비정상회담」의 출연자들처럼 "일을 하고 있지만 불안한 나, 비정상인가요?"라고 묻고 싶을 것이다.

우리는 실제로 변화의 물결 속에 있고, 가까운 미래에 더 커다란 변화의 물결을 경험할 예정이다. 변화는 그 자체로 좋고 나쁨의 의미가 포함되지 않고 중립적이다. 그리고 변화는 아무도 경험하지 못 했다는 점에서 예측 불가능하고 모호하다는 속성을 가지고 있다. 이런 상황에서 불안을 느낀다면 개개인마다 차이가 있겠지만 지극히 정상적이고 당연한 반응일 수 있다.

오히려 그 변화 속에서 자신이 기대하는 결과를 만들어 잘해내고 싶은 사람들이 더 불안감을 느낄 수도 있다. 현재 일을 하면서 불안감을 느끼고 있다면 그것은 당신이 '기계에 대체되지 않고 내 일을 계속 잘하고 싶어 한다'는 뜻이기도 하다. 그러므로 불안한 마음이 '잘하고 싶은 마음'에서 나왔는지 아니면 다른 특정한 이유에서인지 먼저 들여다보고 이해할 필요가 있다. 불안한 마음의 본질을 이해했다면 여기에서 그치지 말고 불안을 잘 다루는 게 중요하다. 대다수가 불안함을 느끼지만 나는 불안을 어떻게 다룰 수 있을지 먼저 생각해보자.

요즘 다양한 독서 모임이 늘어나고, 퇴근 시간에 새로운 걸 배우려는 사람들이 늘어나고 있다. 이런 현상은 미래에 대한 불안이 새로운 것에 대한 학습과 성장의 연료로 활용되고 있는 사례들이다.

　나도 현재 진행하고 있는 연구 주제와 관련해서 다양한 직업을 가진 사람들의 경험과 관점을 들어보기 위해 다양한 독서 모임과 커뮤니티 모임에 참석하고 있다. 다양한 연령대와 직업을 가진 사람들이 온종일 일하고 와서 밤늦게까지 열띤 토론을 벌이는 걸 보면 그 열정에 감탄이 나올 정도다. 자신만의 방식으로 미래에 대한 불안을 성장 동력으로 변환시키는 이들의 치열한 노력을 보고 있노라면 진로심리학자로서 나의 역할은 무엇인지 생각해보게 된다. 먼저 이들에게, 그리고 여러분에게 이런 메시지를 전하고 싶다.

　　　일하고 있지만 불안한 당신, 당신은 지극히 정상입니다!

　불안이라는 연료를 미래의 성공 동력으로 사용하기 위해서는 무엇보다 현재 우리 시대를 관통하고 있는 거대한 흐름을 아는 게 중요하다. 따라서 1장에서는 새로운 시대에 일의 흐름과 패러다임이 어떻게 변화하고 있는지 거시적 맥락에서 짚어보려고 한다.

미래의 일, 게임의 룰이 바뀌고 있다

'부루마불'이라는 보드게임이 있었다. 나도 어릴 때 부루마불을 참 좋아했다. 친구들과 게임을 하면서 부산도 사고, 서울도 사고, 베니스도 샀다. 구매한 도시에는 집이나 별장을 짓기도 했다.

여느 게임이 그렇듯 부루마불을 잘하려면 규칙을 아는 것이 무엇보다 중요하다. 그런데 부루마불을 계속 하다 보니 설명서에 쓰여 있지 않은 숨은 법칙을 발견하게 되었다. 그것은 바로 다른 팀보다 빠르게 게임판을 돌면서 게임 초반에 토지를 최대한 선점해야 한다는 점이었다. 토지를 먼저 사놓아야 다른 팀에게 통행세를 받을 확률이 커지고, 그 자리에 집이나 빌딩을 지으면 게임에서 이길 확률이 높아지는 원리였다. 나는 성인이 되어서야 토지를 사고, 집을 짓고, 월세를 받는 등의 자본주의와 독점의 개념이 부루마불에 반영되어 있다는 사실을 깨달았다. 그러고 보면 부루마불의 원래 이름도 '모노폴리(독점)'다!

세상을 사는 모습도 부루마불 게임과 크게 다르지 않다. 이 게임에 승리하기 위해서도 설명서에 적힌 규칙이 아니라 눈에 보이지 않는 숨은 원리와 패턴을 간파하고 내 삶에 적용하는 응용력이 중요하다.

그런데 우리가 사는 세상을 움직이는 숨은 법칙이 지금 크게 변하고 있다. 여기저기서 변화의 물결이 넘실대고 있는 이 시대를

'4차 산업혁명' 혹은 '디지털 혁명'이라고 이야기한다. 왜 단순히 '변화'가 아니라 '혁명'이라는 단어를 쓸까? 혁명의 사전적 정의는 '국가나 사회의 제도와 조직을 근본부터 새롭게 고치는 일'이다. 우리가 경험하고 있고, 앞으로 경험할 물결은 잔잔한 물결이 아니라 일의 지형마저 변화시킬 거대한 물결이라는 뜻이다. '게임의 판' 자체가 바뀌고 있다는 의미도 포함되어 있다.

이것을 우리는 '패러다임의 변화'라고 표현하기도 한다. 패러다임의 변화는 기존의 질서나 법칙에서 새로운 질서와 법칙으로 무게추가 옮겨가는 현상을 의미한다. 그래서 지금까지는 당연하게 여겼던 질서가 새로운 패러다임에서는 작동하지 않는다. 새로운 패러다임에서는 판을 다시 짜고 규칙도 새로 정해야 한다.

디지털 혁명에 대한 변화를 보고 있자면, 기술 발전에 국한해서 설명하는 경우가 많다. 인공지능, 자율주행차, 5G, 사물인터넷, 블록체인 등 주로 기술 기반의 가시적인 변화만을 이야기한다. 혁명이라는 커다란 변화를 내포한 디지털 혁명에서 본질적인 일의 패러다임이 어떻게 변화하고 있는지, 우리 삶이 어떤 방향으로 가고 있는지에 대한 이야기는 상대적으로 적다.

게임에서 이기려면 게임의 판, 즉 본질을 파악하여 눈에 보이지 않은 법칙을 이해하는 게 중요하다고 했다. 디지털 혁명에 대한 근본적인 이해를 바탕으로 미래의 일, 그 지형에 작동할 숨은 법칙을 알아보도록 하자.

일에 대한 패러다임의 변화

디지털 혁명의 본질은 무엇일까? 본질을 어떤 관점에서 바라보 느냐에 따라 조금씩 다른 언어로 설명할 수 있겠으나, 진로심리학 자인 나의 관점에서 볼 때 디지털 혁명을 움직이는 가장 저변에 깔린 패러다임은 '인간다움의 회복', '자기다움으로의 회귀'이다.

아이러니하게 들릴지 모르겠지만, 디지털 혁명은 기술적 진보 를 바탕으로 이 시대를 살아가는 우리 내면의 목소리가 발현된 결 과물이기도 하다. 의식하든 의식하지 못하든 이 변화의 물결을 만 들고 있는 건 우리 안의 '자기다움'이라는 욕구다. 산업화의 부작 용으로 나와 내면의 연결고리가 느슨해지면서 내가 무엇을 원하 는지, 무엇을 하고 싶은지 모르는 정체성의 위기 속에서 '자기다 움'이 더욱 절실해졌기 때문이다.

역사적으로 '혁명'은 많은 사람이 기존의 체계나 질서가 바뀌 어야 한다는 절실한 사회적 공감대에 바탕을 두고 시작되었다. 산 업혁명 역시 물질적인 풍요에 대한 바람과 사회적인 요구에 의해 시작되었다. 이를 통해 공장에서 대량생산으로 생산 가격을 낮출 수 있게 되면서 우리는 바라던 물질적 풍요를 경험했다. 그러나 물질적 풍요를 얻는 대신 정신적인 피폐함까지 겪어야 했다. '효 율성'이라는 구호 아래 대다수의 개인은 공장에서 대량생산을 위 한 반복적인 일을 하는 수동적인 부품으로 전락했고, 조직의 위계에 따라 개인은 획일화되었다.

이 배경에는 1776년에 출간된 『국부론』의 저자인 애덤 스미스 Adam Smith의 관점이 많은 영향을 미쳤다. 애덤 스미스는 노동자란 '급여를 받기 위해 일을 하는 사람'이라고 규정지었다. 그의 관점에 따르면 고용주는 일이 노동자에게 어떤 의미가 있는지, 혹은 어떻게 동기부여가 되고 있는지 관심이 없을 수밖에 없었다. 최대한 생산성을 높이는 것만이 그들의 중요한 목표이자 관심사였던 것이다. 애덤 스미스는 노동자의 업무를 단순화하고 반복 가능한 작업으로 분업하는 것이 효율을 높인다고 주장했다.

그 결과 한 사람의 업무는 개인이 일을 하면서 의미를 찾기 힘든 수준의 단위로 쪼개졌다. 하루 종일 나사를 옮기기만 하는 사람, 나사를 정렬하기만 하는 사람, 나사를 돌리기만 하는 사람으로 나뉘었다. 이들은 자신이 하는 작업이 결과적으로 어떤 물건이 되는지, 그 물건이 사람들에게 어떤 영향을 미치는지 전체적인 과정을 보기 어려웠다. 일에 대한 의미를 찾기란 더더욱 어려웠다. 게다가 노동자들이 열심히 일해서 생산성이 높아지면 거기에서 생긴 부는 공장주나 일부 자본가들의 독차지가 되었다.

이런 시대에 대한 반발이자 새로운 흐름이 스마트폰과 인공지능 기술의 발달이 가져온 디지털 혁명이다. 이제 나침반의 초점은 '중앙 집중화'가 아닌 '분권화'를 향하고 있으며, '획일화'가 아닌 '다양화'를 향하고 있다. 또 '패쇄적 독점'이 아닌 '개방적 공유'를

가리키고 있다.[1]

　이러한 '분산화, 다양화, 개방적 공유'의 시대적 흐름은 우리가 일을 할 때 궁극적으로 '자기다움의 정체성'과 '나의 가치'를 드러내도록 이끈다. 사회관계망 속에서 힘의 중심축이 중앙의 특권층에 쏠려 있다가 분권화를 기반으로 지역의 특수성과 개인의 다양성을 향해 옮겨가고 있기 때문이다. 이런 사회적 맥락 속에서는 남들이 가는 길을 따라가는 것이 안전한 길이 아닐 확률이 높다. 오히려 남들과 다른 길이 미래의 생존을 위한 길이며 나만의 경쟁력을 갖추는 방법이 된다. 다른 사람들과의 차이를 만드는 일은 나의 시그니처를 발현하는 첫걸음이기도 하다. 남들과 차별되는 지점이 곧 나의 강점이기 때문이다. 내가 남들과 어떻게 다른지 아는 것이 결국 자기다움을 찾는 일이다.

　디지털 혁명의 시대에는 개인이 '일하는 방식'에도 더 많은 선택권이 주어졌다. 과거에는 '일을 한다'는 것이 '사무실이나 공장 등 일터에 나가서 일한다'를 의미했다. 그러나 기술의 발전과 함께 재택근무의 비율이 크게 증가하고 있으며 시간대가 다른 나라의 사람들과 일할 수도 있다. 직접 얼굴을 보고 일을 할 수도 있고 가상세계에서 소통할 수도 있다. 이처럼 일하는 방식에 대한 선택지가 많아진 상황에서 어떤 방식으로 일해야 나에게 가장 효율적인지 파악하는 일도 중요한 요소가 되었다.

　앞서 말했듯 우리가 경험하는 이 새로운 변화의 물결은 '자기

시대에 따른 패러다임의 변화

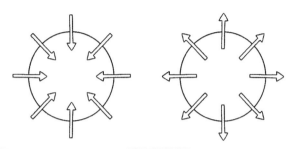

	과거의 모델 (Past-Oriented Model) 산업화 시대	미래의 방향 모델 (Future-Oriented Model) 디지털화 시대
방향	중앙집권화	분산화
성격	획일화	다양화
구조	수직적 / 위계적 구조	수평적 / 역할중심의 구조
소유 방식	소수에 의한 독점(폐쇄적)	다양한 관계자가 공유(개방적)
관계	협조 관계 및 체제	협력 관계 및 체제
역할	포지션 중심	역할 중심

다움의 추구'라는 개인 내면의 욕구가 반영되어 있다. 미래에 일의 승패는 더 이상 부루마불의 게임 원리가 대변하는 과거 산업화 시대의 질서로 작동하지 않는다. 내가 하는 일을 선택하고, 일을 하는 방식에서도 이전과 다른 게임 원리가 적용되고 있으며, 생산자와 소비자의 입장에서도 기존과 다른 선택의 기준이 나타나고 있다. 다음 장에서 어떠한 선택 기준의 원리들이 우리를 움직이기 시작했는지 살펴보자.

2장

보이지 않는
가치의 시대

"가장 중요한 것은 눈에 보이지 않는다."

− 소설 「The Little Prince」 중에서

"저는 어제 바로 퇴사한 ○○○입니다. 반갑습니다!"

소개가 끝나자마자 참석한 사람들이 외쳤다.

"우와 정말 축하드립니다."

"대단해요."

"멋져요."

다들 부러운 눈빛으로 박수를 쳤다. 10년 전만 해도 보기 힘들었을, '퇴사'가 영웅으로 인식되는 시대의 단면을 보고 있는 듯했다. 실제로 요즘 서점에 가면 퇴사 관련 매대가 따로 있을 정도다. 아예 '퇴사 학교'라는 곳도 있어서 퇴사했거나 퇴사를 준비하는 사람들이 교육을 받고 경험을 나누는 일도 증가하고 있다.

어떻게든 회사나 조직 안에 있으려던 예전과 비교하면 요즘은 퇴사를 고민하거나 실제로 퇴사한 친구들의 소식을 훨씬 쉽게 접할 수 있다.

반면 회사를 운영하는 사람을 만나 이야기해보면 또 다른 고민을 토로한다.

"요즘 직원들을 뽑아서 교육시키고, 직원들이 회사에 적응할 만하면 자꾸 나가서 고민이에요. 예전보다 직원 복지나 근무 환경에 훨씬 신경 쓰는데도 소용이 없어요. 멀쩡히 일을 잘하고 아끼는 직원이 갑자기 사표를 내밀 때가 가장 당황스러워요. 도대체 뭐가 문제인 걸까요?"

이처럼 개인 못지않게 조직을 운영하는 리더도 퇴사와 관련된 고민이 깊었다.

한국고용정보원의 2019년 조사에 따르면 입사 후 2년 내에 그만두는 청년 취업자의 비율이 43퍼센트나 된다. 요즘 대학생들을 보면 그야말로 전쟁이라 할 만큼 치열하게 취업 준비를 한다. 학점 관리는 물론이고 고시 공부를 하듯이 입사 시험을 준비하고 다양한 스펙을 쌓기 위해 노력한다. 이렇게 어렵게 노력해서 취업해도 퇴직률과 이직률은 높아지고만 있으니 어찌 된 일일까. 혹시 보이지 않는 가치기준이 우리가 하는 일과 직장 선택에 영향을 미치고 있는 건 아닐까?

일이 나에게 잘 맞더라도 직장의 동료로부터 인정을 받기 어렵다거나 위계질서가 강한 직장 분위기 때문에 스트레스를 받아 심각하게 이직을 고려하는 밀레니얼 세대가 많다. 이제는 일을 선택할 때 일이 나와 잘 맞는지와 더불어 일하는 사람들 그리고 조직의 문화와 가치가 나와 잘 맞는지도 중요하게 여기는 시대다.

연봉보다 중요한 사람 그리고 조직문화

나는 '일'과 관련된 주제로 토론을 나누는 독서 모임을 하고 있다. 그곳에서 여러 분야에서 일하는 사람들의 이야기를 들을 기회가 많다. 그 모임에서 알게 된 나래 씨는 누구나 들으면 알 만한 대기업에 다니다가 최근 스타트업으로 이직을 했다. 그녀는 전보다 연봉은 훨씬 낮지만 일하면서 더 행복하고 만족한다고 했다.

일을 경제적인 수단으로 바라보는 관점에서는 그녀의 선택이 의문스러울 수 있다. 월급이나 복지 혜택이 훨씬 낮은 곳으로 자발적 이직을 한 데다 전보다 더 행복하다니 무슨 말일까?

나래 씨의 사정은 이랬다. 이직하기 전에 다녔던 회사는 워낙 규모가 큰 대기업이고 남자 직원들이 많은 부서에 속해 있어 상대적으로 어리고 여성이었던 나래 씨가 적응하기 힘들었다고 한다. 출근하면 일단 40여 명의 선배 직원들에게 일일이 인사를 한 후에 근무를 시작해야 했다. 식사할 때도 막내인 나래 씨가 장소를 예약해야 했고, 식사하면서도 늘 주변을 신경 쓰느라 마음이 편치 않았다. 일하는 곳의 문화가 위계적이고 불편하다 보니 그녀는 주어진 일만 열심히 하고 근무시간 외에 업무를 하거나 야근하는 것에 대해서는 부정적이었다. 그래서 늘 '워라밸'을 외치며, '칼퇴근'을 준비하곤 했단다.

반면 이직한 회사는 이전 회사와 하는 일은 비슷해도 업무량이 오히려 더 많을 때도 있다. 하지만 함께 일하는 사람들이 서로를 따뜻하게 응원해주는 분위기라 더 즐겁게 일하고 있다는 것이다. 예전보다 더 많은 시간을 회사에서 보내고 연봉도 줄었지만 그녀는 지금의 선택을 전혀 후회하지 않았다.

진로상담을 하다 보면 많은 사람이 대기업에 다니던 당시의 나래 씨처럼 "저랑 이 일이 안 맞나봐요", "저는 이 일을 좋아하지 않는 것 같아요"라고 말한다. 그런데 조금 더 이야기를 나누어보면 사실 일을 싫어하는 게 아니라 조직의 문화나 동료가 안 맞아 힘든 경우가 많다. 아무리 내가 좋아하는 일을 하더라도 동료와 갈등이 있거나 일에 집중하기 힘든 분위기라면 일하는 게 싫어진다.

시그니처 인터뷰에 참여한 토스의 이승건 대표는 "개인이 좋아하는 일, 의미가 있다고 생각하는 일에 집중할 수 있도록 도와주고 그것을 방해하는 다른 요소들을 제거해준다면 기본적으로 사람들은 자신이 하는 일을 온전히 즐기고 몰입할 수 있어요. 오히려 일을 그만하고 쉬라고 말려야 할 거예요"라고 말한다.

일 외의 요소 때문에 본질적인 업무나 일에 방해를 받고 있는 직장인이라면 누구나 공감하는 이야기일 것이다. 조직에서는 비효율적으로 반복되는 사원들의 조기 퇴사와 이직을 줄이기 위해 회사의 충성심을 고취하는 교육이나 높은 연봉 혹은 복지 혜택을 제공하기 이전에 개인이 일에 더욱 집중할 수 있는 분위기를 만들어야 한다. 구성원들도 자신이 좋아하는 일을 즐겁게 하기 위해서라도 일에 집중하는 데 방해되는 문화적인 요소나 제도가 무엇인지 고민해볼 필요가 있다.

조직 혁신을 이끄는
보이지 않는 평가지표의 힘

대학 입시에 대한 논의는 늘 뜨거운 이슈다. 평가 방법에 따라 공부하는 방식에 큰 변화가 생기기 때문이다. 마찬가지로 일터에서도 평가와 보상 시스템에 따라 내가 일하는 방식이 바뀌고 나와 일의 관계, 나와 조직과의 관계도 규정된다.

직장 내에서 성과를 측정하고 이에 대해 보상을 하는 시스템은 '주인과 대리인 이론'[2]에 바탕을 두고 있다. 1970년대부터 힘을 얻은 미시경제학에서 논의된 이 이론은 기본적으로 대리인_{직장에 고용}

된 사람이 스스로 일을 하는 존재가 아니라고 가정한다. 그래서 주인의 입장에서 대리인이 열심히 일하게 하려면 일의 성과를 측정해서 보상과 처벌을 내려야 한다고 보았다. 보상과 처벌을 위한 성과 측정과 평가지표가 우리 일터에서 중요한 역할로 자리 잡은 이유다.[3]

이 모델이 과연 새로운 시대에도 효과적으로 작동할 것인가? 아닐 가능성이 높다. 『성과지표의 배신』을 쓴 제리 멀러 Jerry Muller 의 주장에 따르면 주인과 대리인 이론에 바탕을 둔 업무 수행에 대한 표준화된 평가지표와 성과 측정은 직원들이 일을 잘하려고 하는 동기를 지속적으로 높여주지 못했다. 오히려 어떤 경우에는 이것이 내부 동기를 저하시키기도 했다. 한 예로, 직장에서 평가를 잘 받으려면 사고를 치지 않고 실적을 올리는 것이 중요하다. 그러다 보니 실패할 가능성이 있는 프로젝트나 사업에는 손을 대지 않는 편이 유리하다. 혁신과 도전과는 거리가 먼 평가 시스템임을 알 수 있다. 또한 성과 평가가 단기적이고 재무제표에 잡히는 수익률 중심일수록 혁신적인 제품이나 서비스에 대한 시도 자체가 어렵다. 보상을 포기하고 처벌을 감수하면서까지 모험을 하려는 직원은 많지 않기 때문이다.

현재의 재무제표나 성과지표로 측정할 수 없는 영역도 있다. 만약 새로운 아이디어로 프로젝트를 론칭했는데 실패했다면, 실패를 통해 내적으로 학습한 것에 대해서는 측정이 불가능하다. 미래에는 실패의 경험에 바탕을 둔 통찰과 도전 정신이 성공 동력으로 작용하기 때문에 이러한 표면적인 측정법은 한계가 있다. 또한 연구에 따르면 다른 사람을 도와주고 일하는 분위기를 즐겁게 만들어주는 사람은 일하는 사람들의 생산성을 높여준다[4]고 하는데 팀워크를 높여주는 팀원에 대한 측정이 어렵다는 문제도 있다.

일터에서 직원들이 스스로 일을 잘하려는 동기를 활성화하고 싶은 조직이라면 문제가 되는 사람을 거르는 최소한의 자료로만 평가지표를 활용하고, 직원들이 몰입해서 일할 수 있는 시스템을 갖추는 게 우선이다. 또한 데이터를 맹신하기보다 데이터 이면에 측정되지 않는 '보이지 않는 지표'를 파악해야 한다.

이제 평가지표에 나와 있는 수치가 아니라 도전 정신, 실패를 통해 학습된 지혜와 경험, 협업하는 능력, 소비자의 필요와 요구에 대한 공감 등이 기업의 성패를 좌우하는 요소가 된다. 평가하기 쉬운 것만 측정하고 싶은 유혹에서 벗어나 진짜 중요한 것을 측정하고 평가하는 노력을 기울여야 할 시점이다.

'파타고니아를 입는다'는 것의 의미

미국의 유명한 아웃도어 브랜드 중 '파타고니아 Patagonia'의 기업 사명은 '최고의 제품을 만들되 불필요한 환경 피해를 유발하지 않으며 사업을 통해 환경 위기에 대한 공감대를 형성하고 해결 방안을 실행한다'이다. 이 사명에 따라 파타고니아의 기업 목표는 '지구를 지키는 지속 가능한 사업'을 하는 것이며, 환경친화적으로 옷을 제작하고 판매한다.

파타고니아의 옷은 비슷한 품질의 타사 브랜드 제품보다 상대적으로 비싼 편이지만, 비싼 가격에도 불구하고 많은 사람이 입고 싶어 한다. '파타고니아를 입는다'는 것은 단순히 '옷을 입는다'는 개념을 넘어 환경을 보호하고자 하는 나의 가치와 정체성을 표현하는 일이기도 하기 때문이다.

실제로 파타고니아의 조끼는 2008년 뉴욕 금융가에 먼저 유행하면서 '월가의 교복'이라는 명칭을 얻을 정도로 인기였다. 월가의 금융 회사들은 매주 금요일을 정장 입지 않는 날로 정하고 직원들에게 파타고니아 조끼를 지급했다. 규모가 큰 기업은 파타고니아 조끼에 회사 로고를 함께 넣었고, 직원들은 그 조끼를 입고 자신의 정체성을 드러냈다. 그 후 파타고니아 조끼는 자유롭고 도전 정신이 가득한 실리콘밸리에도 퍼지며 큰 인기를 끌었다. 애플의 팀 쿡, 페이스북의 마크 저커버그, 페이팔의 맥스 레빈 등 최고 경영자들도 파타고니아를 자주 입는다고 알려져 있다.

그런데 2019년 파타고니아가 '환경친화적이지 않은 기업에는 더 이상 우리 옷을 팔지 않겠다'고 선언했다. 일부 금융사에 비상이 걸렸다. 파타고니아 조끼는 이미 금융인의 상징처럼 되어버렸는데 이제 이를 구매하려면 회사에서는 환경에 도움이 되는 일을 하고 있다는 걸 증명해야 했다.

대학 졸업 시즌이 다가오면 월가와 실리콘밸리의 기업들은 더욱 민감해진다. 입사 지원자들 사이에서 파타고니아 조끼를 구매할 수 있는 회사인가 아닌가가 기업을 선택하는 기준으로 작용하면서 인재 유치에 영향을 주었기 때문이다.

기업이 추구하는 가치가 소비자들에게 자신을 표현하는 수단이 될 뿐 아니라 직원들이 일하고 있는 조직의 정체성을 드러냄으로써 개인의 직장 선택에까지 영향을 끼치는 방향으로 변화하고 있다.

소수의 이익에서
다수의 이익을 대변하는 시대

2020년 다보스 세계경제포럼에서 논의된 중요한 주제 중 하나는 '화합하고 지속 가능한 세계를 위한 이해관계자'였다. 세계경제포럼의 창립자 겸 회장인 클라우스 슈밥은 "비즈니스는 이제 이해관계자 자본주의를 전적으로 받아들여야 한다"고 이야기하면서 '이해관계자 자본주의'의 비전을 소개했다. 여기서 이해관계자란 주주들뿐만 아니라 생산자와 소비자, 기업 구성원 및 지역

시민사회의 다양한 구성원을 의미한다. 과거 특정 계층이 부를 독식하던 시대의 '주주 자본주의'와 반대되는 개념으로 등장했다.

이런 변화의 흐름은 비단 경제학 분야가 아니더라도 상담 및 진로심리학 분야에서도 나타나고 있다. 최근 기존의 심리학 이론과 연구가 사회적으로 특권을 누리던 특정 대상을 중심으로 이루어졌다는 학계에 대한 비판의 목소리가 있었다. 이를 계기로 사회적 특권 계층이 아닌 성별, 인종, 교육 수준 등 다양한 문화적 배경을 가진 사람들의 경험이 반영될 수 있는 이론과 경험적 연구에 대한 노력이 필요하다는 주장이 나오고 있다. 특히, 긍정심리학 분야에서도 사회적 소외 계층이 가진 한정된 자원에 대한 이해가 충분하지 못했다는 반성과 함께 연구의 방향이 '모두를 위한 긍정심리학'이라는 새로운 흐름으로 옮겨가고 있다.

경제학과 심리학 분야에서 일어나는 단편적인 변화만을 예로 들었지만 사회학을 비롯한 다른 분야에서도 역시 특권 계층을 넘어서 다양한 구성원의 가치를 중시하는 방향으로 패러다임이 바뀌고 있다. 이런 변화의 흐름 속에 살아남는 조직의 조건 역시 바뀌고 있다. 과거 폐쇄적인 독과점 시대에 성공은 '최대한 이익을 많이 남기는 것', '주주들의 배당과 이익금을 높여주는 것'을 의미했다. 그러나 새로운 시대는 '다양한 이해관계자들의 이익을 높여주는 것'이 성공의 열쇠다. 이미 변화의 물결은 글로벌 기업으로부터 시작되고 있다. 2019년 미국 주요 기업 CEO의 모임인 '비즈니스라운드테이블[BRT]'에서 애플, 아마존, 제너럴모터스 등의 CEO 181명은 아래와 같은 성명을 밝혔다.

"우리는 더 이상 주주들의 이익만을 위해 일하지 않을 겁니다. 우리는 주주의 이익뿐만 아니라 소비자의 이익, 더 나아가 커뮤니티 및 공동체의 이익과 이해관계자들의 이익을 높이는 데 초점을 맞춰서 일하게 될 것입니다."

패러다임의 변화는 회사를 운영하는 CEO들의 운영 철학뿐 아니라 기업에 투자하는 회사와 투자자들의 철학에도 반영되고 있다. 투자의 방향이 기업과 몇몇 주주들의 이익에서 사회 구성원 대다수의 이익과 편리로 옮겨가고 있는 중이다. 이런 투자자들이 급격히 증가하면서 10년 전과 비교해 사회나 환경에 긍정적인 영향을 미치며 수익을 내는 사회적 기업에 대한 투자는 세계적으로 가파른 상승세를 보이고 있다. 사회적 기업에 투자하여 이른바 '착한 투자'라 불리는 '임팩트 투자'는 크게 확대되는 추세다. 최근 통계 자료를 살펴보면 임팩트 투자 분야에서 전 세계 총 운용 자산은 2013년 460억 달러에서 2018년 2,390억 달러로 약 5배 증가했다. 임팩트 투자를 통해 투자된 자본도 2016년 221억 달러에서 2018년 331억 달러로 약 22퍼센트 증가했다.[5]

사회적 기업이라고 하면 수익이 거의 없을 거라고 생각할지 모르지만 실제로는 그렇지 않다. 고용노동부와 한국사회적기업진흥원이 발표한 '2019년 사회적기업가 육성사업 실태조사'에 따르면 정부가 육성하는 사회적 기업의 5년 생존율이 일반 창업 기업보다 2배 이상 높았다. 또한 기업의 연차가 높아짐에 따라 고용, 매출 전반에서도 우수한 성과를 보이고 있다고 밝혔다.

이는 사회적 기업과 임팩트 투자사가 달라진 소비자들의 기준을 예리하게 읽어낸 결과이기도 하다. 가까운 예로 내가 사용하는 제품이 나의 가치에 부합하는 제품인지 아닌지가 구매를 결정하는 데 중요한 기준이 되고 있다. 화장품을 고를 때도 만드는 과정에서 동물 실험을 하거나 동물 학대가 가해진 제품은 아닌지 살펴보고 결정한다. 또, 비윤리적 행보를 보이는 기업이나 국가를 상대로 불매 운동을 하기도 한다.

우리가 하는 일을 선택하는 문제뿐만 아니라 물건을 소비할 때도 예전처럼 단순히 가격과 성능을 비교하는 것을 넘어 보이지 않는 가치와 사회 구성원 전체의 이익에 대한 관심이 커지고 있다.

일과 나의
관계 혁명이 필요하다

"의욕이 가장 많이 꺾이는 순간은 평범한 일을 부탁받을 때다."
— 아인 랜드(Ayn Rand), 미국 소설가

얼마 전 친구 윤서에게 전화가 왔다. 우리나라에서 가장 큰 회계법인의 회계사로 일을 잘하고 있는 친구인데 느닷없이 진로상담을 해달라는 게 아닌가. 직업이 진로심리학자이다 보니 지인들이 진로와 관련된 상담을 요청하는 경우가 종종 있다. 물론 진짜 상담자로서가 아니라 친구로서 가벼운 조언을 바라는 선에서다. 무슨 일이냐고 물었더니 윤서가 말했다.

"지금 내가 하는 일이 나한테 맞지 않는 것 같아. 그리고 이 일을 언제까지 할 수 있을지 모르겠어. 그래서 퇴직을 고려하고 있는데 앞으로 무슨 일을 해야 할까?"

나는 적잖이 놀랐다. 윤서는 남들이 부러워하는 직장에 다니고 있을뿐더러 능력을 인정받아 동료들보다 빠르게 승진했다. 열심히 하고 잘하기까지 해서 나는 그녀가 자기의 일을 무척 좋아하는 줄 알았다.

이야기를 자세히 들어보니 왜 그런 고민을 하는지 알 수 있었다. 윤서는 대학에서 경영학을 전공했는데 안정적이고 전문적인 직장생활을 하고 싶은 마음에 대학교 3학년 때 회계사 시험을 쳐서 합격했다. 자신이 어떤 사람인지, 무엇을 좋아하는 사람인지에 대한 큰 고민 없이 대학을 졸업하자마자 회계사로 직장생활을 시작한 것이다. 무엇을 해도 열심히 하는 성격이기도 하고 능력 있는 친구였다. 회계사로서 주어진 일을 착실히 하다 보니 여기까지 오긴 했는데 마음속에는 늘 고민과 의문이 많았다고 한다.

'이 일이 내 일이 맞나? 내 적성이랑 잘 안 맞는 거 같은데 다들 그런 건가? 그냥 참아야 하는 건가? 내가 일에 맞춰야 하는 건가?'

그런데 이것은 윤서만의 고민은 아니었다. 취업포털 잡코리아의 조사에 따르면 직장인 중 현재 직장에 만족하지 못하는 사람은 69.7퍼센트에 달한다고 한다. 실제로 취업을 준비 중인 학생들을 상담해보면 연봉, 기업 인지도 등 외부적 요인이나 부모님의 제안이나 설득에 따라 직업을 결정하는 경우가 많았다. 진지하게 자신의 흥미나 적성, 가치관 등을 고려해보지 않고 외부의 조건이나 주변의 권유로 일을 선택한다면 결국 일에 대한 성취감과 만족감은 낮을 수밖에 없다. 그렇다고 윤서처럼 현재 직장에 만족하지 못하는 사람들의 직업 선택이 잘못되었다는 이야기는 아니다. 처음 직장을 선택할 때 주변의 권유에 따라 안정적이고 전문적인 직장생활을 추구하다가 실제로 일을 하면서 이 일이 나와 잘 맞는지, 내가 진짜 원하는 일인지 고민하는 과정은 자연스러운 현상이다. 결과적으로 일이 나와 맞지 않더라도 내가 직접 해봤기 때문에 내가 진정으로 원하는 일이 무엇이고, 보다 더 나다운 일은 무엇인지 고민해볼 수 있다.

과거 산업화 모델에서 일은 나의 경제적 수단으로서의 비중이 더 컸다. 그러나 시대의 변화에 따라 일은 경제적 수단 이상의 의미를 가지며 일과 나 사이의 관계도 새롭게 설정해야 하는 시기가 왔다. 옷을 예로 들어보자. 과거에 옷이란 단지 추위나 더위를 막아주는 기능적인 역할이 강조되었으나 점차 그 역할이 크게 변했다. 전 세계적인 경제 발전으로 옷은 단순한 보온 기능을 넘어 개성을 드러내는 패션의 기능이 더욱 커졌다.

일도 마찬가지다. 일을 통해 얻고자 하는 가치가 사람마다 다르기 때문에 다른 사람의 관점이 아니라 자신만의 관점으로 일을 바라보고 이해하는 자세가 필요하다. 자신의 영역에서 일의 의미를 찾아가고 있는 각 분야의 전문가 42명을 인터뷰한 내용에서 그들에게 일이란 무엇인지 물었더니 '나를 발견하는 과정'이라고 생

각하는 사람이 많았다.[6]

　당신이 조직의 리더라면 특히 이 트렌드를 이해하는 것이 밀레니얼 세대 직원들의 잦은 퇴사를 낮출 수 있는 단서가 된다. 나아가 직원들이 애덤 스미스의 주장에 근거한 수동적인 자세에서 벗어나 일을 통해 자신이 추구하는 가치를 표현하며 사회 구성원으로서도 의미 있는 역할을 하게끔 도울 수 있을 것이다. 따라서 이번 장에서는 밀레니얼 세대를 포함하여 모든 사람들이 내가 하는 일에 만족하며 나답게 일하기 위해 일과 나의 관계를 어떻게 재설정해야 하는지 살펴보도록 하겠다.

누가 시키는 일이 아니라 '내 일'을 찾아야 할 때

　어느 금요일 밤, 지인들과 만난 자리에서 은행에 다니는 후배 은정이가 근황을 전했다. 그는 요즘 회사 업무 외에도 관심 있는 활동을 하느라 바쁘다고 했다. 독서 모임에 참여하고, 요가도 하고, 중국어도 배우고 있단다. 열심히 사는 게 보기 좋다고 생각하던 참에 그에게서 의외의 말이 나왔다.

　"좋아서 여러 활동을 하고 있긴 한데, 이러다가 남들보다 업무적으로 뒤처지는 건 아닐지 불안해요. 그냥 주어진 일만 열심히 하는 게 나을까요? 지금 제가 잘하고 있는 걸까요?"

후배는 마치 누군가에게 허락이라도 받고 싶은 듯 걱정 어린 눈빛으로 사람들을 바라봤다. 물론 "허하노라!"라고 외쳐줄 사람은 없었다. 자기가 좋아서 하는 일도 남들한테 "그렇게 살아도 괜찮아"라고 인정받아야만 비로소 안도할 수 있는 걸까.

사실 예전의 나도 그와 비슷했다. 미국에서 박사과정을 밟을 때 일주일에 한 번 지도교수와 상담을 하는 시간이 있었다. 나는 그때마다 궁금한 질문을 적어가곤 했다.

그날도 지도교수 리사 Lisa Flores와 상담을 하기 위해 질문이 가득 적힌 노트를 들고 교수실로 갔다.

"이 연구 프로젝트에 들어가야 할까요? 1년 차에는 연구를 몇 개나 해야 할까요? 다음 학기를 준비하기 위해 이 과목을 들어야 할까요?"

나는 궁금한 질문을 하면서 답을 구했다. 그러자 리사는 이렇게 말했다.

"잘 살펴보면 이 세상에 꼭 해야만 하는 것은 없어. 네가 원하면 하고, 그렇지 않으면 하지 않아도 괜찮아. 다른 사람들이 한다고 해서 너도 꼭 해야 하는 것은 아니야."

그 말을 듣는 순간 망치로 머리를 크게 한 대 맞은 느낌이었다. 우리나라에서 교육받은 대부분의 사람이 그렇듯 나도 어려서부터 'ㅇㅇ해야 한다'는 말을 숱하게 들으며 자랐다. 그러다 보니 주

어진 일을 하는 데만 익숙했다. '내가 하고 싶은 게 무엇인가'보다
는 '내가 해야 하는 게 무엇인가'만 줄곧 물어왔다. 이런 생각이
그동안 나의 사고와 행동을 얼마나 제한해왔을까.

상대적으로 자율성이 존중되는 분위기에서 수업을 듣고, 공부
를 해왔던 나조차도 틀 안에서 정해진 답을 찾기 위해 고군분투하
고 있었다는 사실을 깨달았다. 내면의 목소리보다 외부의 기대에
더 무게를 두었다는 얘기다. '내가 진정으로 하고 싶은 일'에 귀
기울이고 싶어도 불안감을 느끼고 후배처럼 누군가에게 허락을
받고 싶어 했다.

하물며 규칙과 규율이 많은 회사나 큰 조직의 구성원들은 더욱
외부의 목소리와 시선이 크게 느껴질 수 있다. 매뉴얼이나 지침서
에 나와 있는 것이 아니라면 불안해서 누군가의 허락과 승인을 받
고 싶어진다. 그러나 이런 수동적인 태도는 당장은 편할지 몰라도
앞으로 큰 약점이 될 수 있다는 걸 주의해야 한다. 과거에는 시키
는 일만 잘해도 능력 있는 사람이라고 평가받았지만 미래의 일은
그 특성상 주도적으로 문제를 찾고 해결할 역량이 있는 사람만이
주목받을 수 있다. 꼭 창업을 준비하는 사람이 아니더라도 기업가
정신을 가지고 기존의 틀을 벗어나 자신의 영역에서 새로운 방식
으로 일을 창조해야 하는 이유가 점점 늘어나고 있다.

명확한 정답이 존재했던 시대는 지났다. 우리는 다른 사람들이
정해주거나 정답이라고 승인해준 일이 아니라 스스로 나에게 맞

는 '내 일'을 찾아야 하는 시대 앞에 서 있다. 그러니 일과 나의 관계를 재설정할 때의 주파수는 외부의 당위성보다는 '나이기 때문에 하고 싶은' 일에 맞춰야 한다.

20년 가까이 벤처캐피털리스트^{VC}로 일하면서, 고려대에서 학생들을 가르치고 있는 신명철 대표는 이야기한다.

"다른 성공한 사람들의 삶을 그대로 흉내 낸다고 성공할 수 없어요. 늘 다른 사람들과의 대화를 통해 배우고, 끊임없이 나에게 좋은 것이 무엇인가를 고민하면서 다른 사람이 아닌 나에게 맞는 선택을 하는 게 만족하는 삶을 살 수 있는 비밀입니다."

많은 사람이 퇴사나 이직, 창업을 고민하지만 다음에 하게 될 일 역시 남들이 정해준 기준에 따라 찾고 있지는 않은가. 다른 사람들이 보았을 때 인정할 만한 직장이 아닌, 내가 정말 원하는 '내 일'은 무엇인지 들여다보자. 내가 나의 길을 정하지 못하면 누군가가 허용해준 길만 가야 할지도 모른다.

사람마다 일에 대한 시각이 다르다
– 일을 바라보는 세 가지 관점

남이 바라보는 시선이 아닌 나의 관점으로 일과 나의 관계를 다시 설정하기 위해선 '나에게 일이란 무엇인가?'에 대한 근본적인 질문을 할 필요가 있다. 같은 일을 하고 있더라도 일을 바라보는 관점에 따라 일에 대한 정의가 달라지기 때문이다.

진로심리학에서 개인이 일을 바라보는 세 가지 관점이 존재한다고 본다. 세 가지 관점을 살펴보고 자신은 어디에 근접한 관점을 가졌는지 살펴보자.

진로심리학에서는 '일'을 생업 job, 진로 혹은 경력 career, 소명 calling 세 가지로 구분한다.[7] 먼저 일을 생업으로 바라보는 관점은 일이란 삶을 유지하기 위한 필수조건이자 먹고살기 위한 경제적 수단이라 여긴다. 일을 진로 혹은 경력, 즉 커리어로 바라보는 관점에서 일은 경제적 수단일 뿐 아니라 자아실현의 수단이기도 하다. 일을 커리어로 바라보는 사람은 생업으로 보는 사람보다 일 자체에 관심이 많고 일을 할 때 더 많은 재량권을 누리기를 바란다. 커리어에는 기본적으로 승진이나 출세의 의미도 포함되어 있다. 일을 잘해서 더 높은 연봉을 받고 승진하여 높은 위치로 올라가는데서 성취감을 느낀다. 참고로 우리나라에는 커리어가 '진로'로 번역되어 들어오면서 주로 학생들에게 한정해서 쓰여 성인들은 진로라는 말을 어색하다고 느끼는 경향이 있다. 그러나 진로는 학생뿐 아니라 성인과 노년층도 포함하는 폭넓은 개념이다.

마지막으로 일을 소명으로 바라보는 관점이 있다. 일을 소명으로 바라보는 사람들에게 일이란 자신의 정체성이자 자신이 추구하는 삶의 가치와 의미가 반영되어 있다. 소명이라고 하면 종교적인 의미로 생각하기 쉬운데 꼭 그렇지만은 않다. 개신교나 가톨릭에서 '하나님의 일을 하도록 부름을 받음'이라는 의미로 소명이란 말을 사용하기도 하지만 진로심리학에서 소명은 종교와 관계없이 '자기 일에 대한 의미 있는 열정'을 뜻한다.[8] 또는 '자신이 하는 일을 통해 사회적으로 도움이 되고자 하는 자세나 바람'이라고도 정의를 내린다.[9]

여기서 눈여겨봐야 할 것은 일을 바라보는 관점에 따라 우리 삶의 만족도와 직업 만족도가 크게 달라진다는 것이다. 한국의 영업사원들을 대상으로 한 연구를 보면 자신이 하는 일이 사회적 목적을 추구하는 의미 있는 수단이라고 생각하는 사람은 그렇지 않은 사람들보다 업무에 대한 자신감이 높았다.[10] 한국의 중, 고등학교 교사들을 대상으로 한 최근 나의 연구에서도 자신의 일을 소명으로 여기는 사람들이 직업과 삶에 대한 높은 만족도를 보였다.[11] 한국뿐만 아니라 미국에서 771명의 성인들을 대상으로 한 연구에서도 소명을 가지고 있는 사람들이 더 높은 직업 만족도를 보이고 조직에 대한 충성도도 높았다.[12] 이 연구 결과들은 궁극적으로 우리가 일터에서 행복하게 일하고 싶다면 어떠한 관점으로 일을 바라보아야 하는지에 대한 시사점을 제공한다.

일 잘하는 사람들의 비밀,
당신에게는 4C가 있는가

진로심리학자들도 1장에서 이야기한 시대의 변화와 흐름에 따라 전통적인 진로 이론에서 벗어나 다양한 이론들을 제안해오고 있다. 과거에는 경력 개발이나 직업 선택과 관련된 이론이 '개인' 위주였다. 개인의 흥미나 적성 등 내적 구조가 어떻게 발달하는지가 주된 관심사였던 것이다. 그러나 최근에는 복잡한 사회적 변화에 따라 '맥락Context 속의 개인'을 주된 연구 주제로 삼고 있다.

여러 진로 이론 중 '진로적응도'라는 개념이 있다. 미국의 심리학자 사비카스Savickas가 소개한 이 개념은 직업 환경의 급격한 변화 속에서 일을 나에게 맞춰가는 과정에서 나의 태도, 행동, 능력 등의 적응 정도를 설명하는 심리학적 개념이다.[13] 그는 새로운 일의 시대에는 우리가 하고 싶은 일을 찾아서 선택하는 것뿐만 아니라, 일을 찾는 과정에서 만나는 다양한 어려움을 어떻게 극복하는지가 중요하다고 말한다. 변화하는 환경에 적응하는 능력이 중요한 것이다. 즉, 고용 상태나 직무 내용, 일하는 방식이 변하더라도 내가 얼마나 능동적으로 변화에 적응하면서 나의 일을 할 수 있는지를 강조하는 개념이다.

진로적응도는 같은 내용을 배우더라도 학습자가 스스로 지식을 구성한다는 심리학 이론인 구성주의를 바탕으로 하고 있다. 그래서 같은 일을 하더라도 각 개인의 경험은 다를 수 있다고 본다. 예를 들어 동료와 내가 나이, 직급, 업무 능력 수준이 비슷하다고 할지라도 일하면서 느끼는 주관적인 경험에는 차이가 있다는 뜻이다. 그래서 내가 일하며 어떤 경험을 하고 있는지 주의 깊게 관찰하는 자세가 필요하다. 관찰력을 바탕으로 자신에 대한 이해를 구체화하고, 주관적인 일 경험과 관련된 스토리를 자신이 원하는 방향으로 의미 있게 구성해나간다면 만족스럽게 일할 수 있을 것이다.

사비카스는 이와 같은 구성주의를 바탕으로 한 진로적응성 이론을 통해 급격히 변화하는 직업 환경과 맥락에 의해 개인은 영향을 받기도 하지만 개인 역시 환경과 상호작용하면서 '나의 일에 대한 경험을 스스로 만들어간다'는 주체성을 강조하고 있다.

그렇다면 빠르게 변화하는 시대에 일과 나의 관계에서 오는 불안과 갈등 같은 부정정서를 줄이고 내가 하는 일의 적응성을 높이려면 무엇이 필요할까? 사비카스는 4C를 강조했다.

4C

- Concern(진로 관심)
- Control(통제)
- Curiosity(호기심)
- Confidence(자신감)

4C란 진로 관심 Concern, 통제 Control, 호기심 Curiosity, 자신감 Confidence 을 의미한다. 이해를 돕기 위해 4C를 활용해 진로적응도가 높은 사람과 낮은 사람의 특징들을 비교해보자.

진로적응도가 높은 사람은 앞으로 하게 될 일에 대한 관심과 호기심이 높고 능동적인 태도를 보인다. 또 미래지향적 성향을 갖고 있어 현재의 상황에 대한 통제력이 높으며, 원하는 일을 달성하기 위해 차근차근 자신감을 키워나간다. 한마디로 진로적응도가 높은 사람은 새로운 변화의 물결에서 자신만의 균형을 잘 잡으면서 서핑을 즐길 수 있는 사람이다.

반면 진로적응도가 낮은 사람은 앞으로 하게 될 일에 무관심하고, 스스로 미래를 결정하고 통제력을 높이는 모습에서도 수동적이다. 자신이 무엇을 하고 싶은지에 대해 관심이 낮고, 하고 싶은 일을 찾더라도 자신감이 없어 진행하기 어렵다. 이런 사람들은 새로운 물결의 파도 위에서 서핑을 즐기기는커녕 파도의 타이밍을 알아차리지 못하고 균형이 무너져 물살에 휩쓸리게 될 것이다.

만약 일하는 곳이 자율권이 보장된 환경이라면 다행히 자신의 의지대로 통제력을 높이는 것이 가능하다. 그러나 위계적이고 자율권이 보장되기 힘든 환경이라면 내가 통제할 수 있는 것과 없는 것을 먼저 구분해야 한다. 내가 통제할 수 있는 부분에 대해서만 선택과 집중을 하는 것이다. 내가 통제할 수 없는 부분에 대해서는 어느 정도 마음을 내려놓는 것도 적응을 위한 통제력을 높이는 방법이다.

　이처럼 일하고 있는 환경과 맥락을 고려하여 주체적으로 자신의 진로적응성을 높여나간다면 보다 나답게 일하는 길에 한 걸음 더 다가가게 될 것이다.

내가 주도하는 경력, 프로티언 커리어의 등장

　진로적응도를 높이기 위한 노력은 나라고 예외는 아니다. 교수라는 직업은 상대적으로 다른 직업군에 비해 자율성이 높지만, 조직에 속해 있는 이상 나도 일과 나의 관계에 대해 고민할 때가 많다. 해야 하는 일과 하고 싶은 일 사이에서 균형을 맞추는 일은 항상 어렵다. 이 두 가지가 일치하지 않을 때는 치열하게 고민하면서 자신만의 균형을 잡은 사람들을 만나 많은 영감을 얻는다.

　최근에 만난 사람 중 인상적이었던 분은 현재 임팩트 투자 기업 옐로우독을 이끌고 있으며 『일하는 마음』 저자이기도 한 제현주 대표다. 제현주 대표는 경영 컨설팅 업체 맥킨지를 시작으로 사모펀드 운용사 칼라일에서 투자 분야 전문가로 10여 년간 일하다가 자신과 일의 관계에 대한 근본적인 질문을 던지게 되면서 퇴사했다. 그 후 약 6년간 한 조직에 소속되지 않은 채 작가이자 번역가로, 팟캐스트 진행자로, 독립 컨설턴트로 다양한 일을 스스로 만들어왔다.

심층 인터뷰를 통해 그녀가 진로적응도가 높은 사람이라는 걸 느낄 수 있었다. 그녀는 자신의 '자기다움'을 가장 잘 드러낼 수 있는 일이 무엇인지 알기 위해 기꺼이 직접 부딪히는 사람이었다. 그 바탕에는 사회나 조직이 원하는 것이 아닌 정말 내가 원하는 일을 고민하고, 그 고민을 실제 일과 연결하는 용기와 실천력이 있었다. 잘 맞는 일을 찾기 위해 끊임없이 자신에게 질문하고 답을 찾는 과정의 이야기는 진정성 있는 깊은 울림으로 다가왔다.

그녀처럼 치열한 고민을 통해 자신만의 일의 여정을 만들어가는 사람들의 모습을 잘 설명해줄 수 있는 심리학 개념이 있다. 바로 '프로티언 커리어 Protean career'라는 개념이다. 이 용어는 진로심리학자 홀 D. T. Hall이 그리스 신화에 나오는 프로테우스의 이름에서 따온 것이다. 몸의 형태를 자유자재로 변화시키는 프로테우스처럼 자신의 의지에 따라 경력을 자유자재로 만들고 주도하는 것을 의미한다. 즉, 조직보다는 개인이 주도하는 경력 개발을 뜻하는 말이다. 프로티언 커리어는 승진이나 급여 인상과 같은 객관적인 지표가 보여주는 성공보다 성장, 자부심, 만족감, 내적 성취감과 같이 주관적이고 심리적인 지표를 성공의 기준으로 삼는다. 또한, 전통적인 커리어에 비해 개인의 상황과 환경 변화에 따라 커리어가 이동하는 정도가 높다. 움직이는 방향도 과거에는 주로 사다리처럼 상하로 움직였다면, 프로티언 커리어는 정글짐 같이 각기 다른 섹터를 넘나들면서 상하 방향뿐 아니라 좌우 혹은 대각선으로 움직이기도 한다. 커리어를 개발하는 방법도 공식적인 교육이나 훈련이 아니라 자기 주도적인 학습을 통해 이루어진다.

전통적인 커리어와 프로티언 커리어[14]의 관점과 태도에 어떤 차이가 있는지는 다음 장에 표로 정리하였다.

관련 연구들을 살펴보면, 프로티언 커리어를 추구하는 사람들은 상대적으로 낙관적이고, 환경 적응 능력, 변화에 대한 개방성이 높다고 밝혀졌다.[15]

프로티언 커리어의 등장과 함께 '무경계 커리어 Boundaryless career' 도 증가하는 추세다. 두 개념은 모두 '진로 무질서 이론'에 바탕을 두고 있다. 이 이론은 우리가 사는 세상은 현실적으로 질서를 찾기 어려우며 예측하기도 어렵고 불규칙하다는 생각에서 출발했다. 무경계 커리어는 개인의 일이 조직과 산업 간의 경계를 넘나드는 이동성에 초점을 맞추고 있다. 즉, 전통적인 하나의 고용 환경에서 벗어나 다양한 산업군의 조직에서 자신의 경력을 만들어가거나 경계를 넘나들면서 새로운 직무를 창조하는 일과 관련된 활동을 의미한다.[16]

한 분야가 아닌 다양한 분야에서 여러 개의 직업을 가지고 활동하는 이른바 'N잡러'의 등장이나, 요즘 직장인들 사이에서 유행하는 '사이드 프로젝트'도 이와 같은 맥락에서 이해할 수 있다.

전통적인 커리어 VS 프로티언 커리어

영역 구분	전통적인 커리어	프로티언 커리어
핵심 가치	승진	자유, 성장
경력의 주체 / 책임	조직	개인
성공 기준	직위 수준, 급여	심리적 성공
핵심 태도	조직 몰입	일 만족도, 전문적 몰입
이동성 정도	낮음. 평생 한 직장에서 은퇴할 때까지 일하는 경우가 많음.	높음. 개인의 상황과 환경의 변화에 따라 직장을 이동하는 경우가 많음.
경력 경로	단선적 전통적 패러다임 5단계 4단계 3단계 2단계 1단계 **단일 평생 경력 모델** 사다리 타기처럼 한 직종 안에서 위아래로만 움직일 수 있음.	복합적 새로운 패러다임 다양한 분야 섹터 E F G A B C D **다중 미니 학습 경력 모델** 정글짐처럼 위아래로 움직일 수 있고, 왼쪽과 오른쪽으로도 움직일 수 있음. 즉, 업종의 경계를 넘나들면서 경력을 쌓을 수 있음.
개발 방법	공식적인 훈련	자기 주도적이며 지속적인 학습관계 구축 및 직무 경험에 의존
전문성	알고 있는 지식 (Know-how)	새로운 것을 배울 수 있는 학습 능력 (Learn-how)

사이드 프로젝트란 직업을 가지고 있지만 직업과 별개로 다양한 '딴 짓'을 시도해보는 것이다. 거창한 프로젝트가 아니더라도 현재 하는 업무와 다른 일들 즉, 블로그 글쓰기, 아이패드로 그림 그리기, 유튜브 촬영 등도 사이드 프로젝트가 될 수 있다. 새로운 직무로 연결될 수 있는 '생산적인 딴 짓'이라는 점에서 일반적인 취미와는 구별된다.

일에 대한 새로운 흐름은 프로티언 커리어나 무경계 커리어처럼 다양한 형태의 일하는 방식을 만들어내고 있다. 이러한 변화는 우리에게 조직이나 사회가 무슨 일을 하라고 지시하는 시대가 아니라 '내가 되어도 좋은 시대', 조금 더 강하게 말하면 '내가 되어야 하는 시대'가 되고 있다는 강력한 메시지를 전달하고 있다.

나만의 '일 나침반'을 가져라

다양성이 반영되지 않은 과거의 일률적인 평가기준이 내가 하는 일에 대해 과연 정확한 평가를 내릴 수 있을까? 나의 경우 업무에 대한 공식적인 평가를 미국에서 네 번, 한국에서 두 번 받아보았다. 평가를 받는 곳이 어디냐에 따라 평가기준이 모두 달랐다. 예를 들어 교수의 연구 활동과 발표를 중시하는 학교는 학술적 성과를 내는 이에게 가산점을 부여하였다. 반대로 학생 멘토링과 강의를 중요시하는 학교는 이와 관련된 성과를 보인 교수에게 더 많은 점수를 주었다. 이는 한 조직의 평가가 나의 능력에 대한 절대평가가 될 수 없다는 의미이기도 하다.

나라마다, 학교마다 다른 평가기준의 차이를 새삼 실감하면서 기관에 의해 주어진 지표가 아니라, '스스로 나의 일을 평가한다면 중요하게 생각하는 요소는 무엇인가?'에 대한 고민을 하게 되었다. 평가지표에 너무 연연하게 되면 자발적인 내적 동기가 오히려 약해질 수 있어서 평가지표에 없더라도 '내가 의미 있는 일이라 생각하면 하자'고 생각을 정리하면서 개인적으로 나만의 평가지표를 만들게 되었다.

직장에서 일하는 사람들 역시 조직의 성격에 따라 상이한 평가지표에 의해 일을 평가받고 있는 상황이다. 평가의 범위와 방법은 시대에 따라, 또 사회나 조직의 가치기준에 따라 달라질 수 있다. 그 기준이 나의 기준과 일치하면 좋겠지만 조직의 평가지표와 내가 생각하는 중요도가 다르다면 어떤 기준으로 일해야 할 것인가 결정해야 하는 순간이 온다. 조직의 평가가 나를 절대적으로 판단하지 못하듯 조직의 기준만이 전부가 아니다. 큰 조직일수록 과거에 만들어진 평가지표가 변화하는 시대에 중요하게 측정해야 하는 부분을 따라잡지 못하고 있는 경우도 많다.

그러므로 이제는 개인 맞춤형 평가지표가 필요하다. 조직과 사회가 측정할 수 있고, 실제로 측정되는 것은 나의 일부분일 뿐이다. 나의 정확한 업무 능력과 내가 하는 일의 가치를 전체적으로 측정하는 것은 불가능하다. 주도적으로 '나의 일'을 만들어가고 싶은 사람이라면 나만의 평가지표를 만들어 그것을 기준으로 움직일 필요가 있다.

주어진 평가지표에 의해 수동적으로 평가당하는 입장이 아니라, 내가 스스로 나의 일을 평가하고 측정하면서 다음 성장 목표를 설정해나가는 것이 중요하다. 나만의 평가지표는 내가 향하는 길에서 내가 어디까지 왔는지 알려주고, 방향을 이야기해줄 수 있는 나의 '일 나침반' 역할을 할 것이다.

나만의 시그니처가
압도적 경쟁력이 되다

> "우리의 앞이나 뒤에 있는 것은
> 우리 안에 있는 것에 비하면 지극히 하찮은 것들이다."
>
> – 랠프 왈도 에머슨(Ralph Waldo Emerson), 미국 시인

지금까지는 많은 일에 정답이 존재했고 그 정답만 따르면 안전을 보장받을 수 있었다. 그러나 앞으로의 시대는 정해진 답이 없을 가능성이 크다. 상대적으로 미래 예측이 쉬웠던 산업 시대와 달리, 우리가 맞이하는 AI 시대는 불확실성이 너무나 크기 때문이다.

나는 이런 시대의 변화가 개인에게는 오히려 좋은 기회일 수 있다고 생각한다. 이전에는 규모의 경제가 중요한 시기였다. 그러나 이제 사회적 변화와 필요성에 의해 '얼마나 빨리 반응하고 대처할 수 있는가'가 중요한 속도의 경제로 옮겨가고 있다. 그래서 상대적으로 몸집이 작고 변화에 빠르게 대처할 수 있는 스타트업의

역할이 점점 중요해지고 있다. 이는 조직보다 더 빠르게 움직일 수 있는 개인이 과거에 비해 자유롭게 뜻을 펼칠 수 있다는 뜻이기도 하다.

그러나 단순히 규모로 속도를 판단할 수 있는 건 아니다. 중요한 것은 심리적인 부분, 즉 마인드가 얼마나 변화에 열려 있고 혁신적인가 하는 것이다. 애플이나 마이크로소프트, 구글과 같은 규모가 큰 기업에서 좋은 결과물을 내는 것은 사회 변화와 흐름에 발 빠르게 대처할 수 있는 초기 스타트업의 혁신적인 마인드를 가지고 있기 때문이다. 조직의 규모가 작다고 하더라도 변화의 흐름을 무시하고 과거 산업화 시대의 마인드를 유지하는 조직은 경쟁에서 도태될 것이다.

개인도 마찬가지다. 핵심은 일을 바라보는 관점과 태도를 바꾸는 것이다. 즉, 마음을 바꾸는 것이 변화의 시작이다. 이는 겉으로 드러나는 것이 아니라 누군가에게 배우기가 어렵고, 안타깝게도 전문적으로 배울 수 있는 곳도 많지 않다. 그러나 마음의 변화가 곧 행동의 변화로 이어지고 실질적인 결과물들을 만들어낸다는 사실을 명심하자.

불확실성을 헤쳐나가는 해법, 그 중심에는 '내'가 있다. 아무것도 확실하지 않은 미래에 내가 가진 자원, 개성, 특징 및 강점이 가장 확실하고 중요한 자산으로 떠오르고 있다. 나의 '자기다움'

중에서 가장 대표적인 것, 남과 다른 나만의 고유성을 '시그니처 signature'라고 한다. AI 시대에 인공지능에 대체되지 않고 성공하는 방법은 내면에 우리가 이미 갖고 있는 심리 자산을 백분 활용해서 시그니처를 만드는 것이다. 이를 위해 무엇보다 보이지 않는 마음과 태도에 대한 관심이 필요하다.

또한 나의 시그니처는 혼자 유유히 빛나지 않는다. 나의 고유성은 주변 사람들과 함께 있을 때 비로소 그 관계와 맥락 속에서 빛난다. 두 가지 이상의 색깔이 나란히 있을 때 더욱 돋보이는 보색 대비 효과처럼 말이다. 우리의 시그니처 역시 주변 사람들과 사회적 맥락 속에 연계되어 있다는 사실을 기억하자.

시그니처를 키우기 위해 나만의 색깔을 분명하게 드러낼 수도 있지만 내 곁에 있는 사람들이 그들의 고유한 빛깔을 잘 드러낼 수 있도록 도와주는 것도 중요하다. 사회적 다양성을 높이고 사회의 구성원 모두가 고유한 빛을 낼 수 있어야 한다. 나의 시그니처는 생명력과 열정이 가득한 다채로운 빛깔 안에서 조화를 이루며 함께 빛날 때 더 아름답다.

시그니처의 씨앗은 내 안에 있다

시그니처는 자기다움을 찾아가는 과정에서 발현된다. 그 시작은 바로 내 안의 시그니처의 씨앗을 알아차리는 것이다. 그렇다면 어떻게 시그니처의 씨앗을 발견할 수 있을까? 우선 자신의 감정에 주목해야 한다.

진로를 정할 때 이과를 선택할지 문과를 선택할지 혹은 예체능 계열로 갈지 고민하고, 대학을 졸업하고 나서는 A 회사에 취직할지, B 회사에 취직할지 혹은 대학원에 갈지 고민한다. 회사에 다니면서도 계속 이 회사에 다닐지 이직할지 우리는 무수한 선택의 기로에서 고민하며 지낸다. 머리로 아무리 생각해도 답이 안 나올 때 막막함을 느낀다.

"Follow your heart(네 마음을 따라라)!"

박사과정 당시 지도교수였던 리사의 연구실에 있던 문구였다. 선택의 갈림길에 설 때나 다음 단계에 무엇을 해야 할지 모를 때 이 말을 떠올리면서 내 마음이 무슨 이야기를 하고 있는지 귀 기울이곤 했다. 처음에는 내 마음의 소리를 듣는 게 너무 어려웠다. 왜 그럴까 곰곰이 생각을 해보니 마음의 소리에 귀 기울이는 법을 배운 적이 없었다. 이 책을 읽는 여러분도 많이 동감할 것이다. 또 우리는 암기 위주의 주입식 교육 아래 '인지' 중심적인 활동을 중점적으로 배웠기에 '감정'은 공부에 방해되는 존재로 여기고 등한시해왔다. 나의 마음이 어떤지 들여다보기보다 나를 둘러싼 사회가 무엇을 중요하게 생각하는지에 무게를 두는 사회적 분위기도 무시할 수 없었을 것이다.

『일하는 마음』의 저자인 옐로우독의 제현주 대표는 우리의 시그니처를 찾기 위해서 "하고 싶은 일이 생겼을 때 주변의 기대에 너무 휘둘리지 말고 자신이 바라는 것, 추구하는 가치에 대해 해상도를 높이고, 하고 싶은 마음에 조금 더 집중하라"고 조언한다.

머리보다 마음이 솔직하고 정확할 때가 많다. 어떤 일을 하는데 즐겁고 시간 가는 줄 모른다면 지금 당신은 시그니처와 연관된 활동을 하고 있을 가능성이 크다. 반대로 뭔가를 할 때 지루하고 괴롭고 시간이 지독히 안 간다고 느낀다면 그것은 시그니처와 상충하는 활동을 하고 있다는 증거다. 이처럼 의식적으로 정서 상태를 거울삼아 나의 마음을 알아차리는 연습을 하면 시그니처를 찾아가는 데 도움이 된다.

우리 몸의 반응에 주목하는 것도 시그니처를 찾는 방법이 될 수 있다. 앞에서 말한 감정은 신체적 반응을 통해 꽤 정확히 드러난다. 긴장하거나 불안할 때 손바닥에 땀이 나고, 누군가를 좋아하면 심장이 뛴다. 또, 내가 좋아하는 일을 설명할 때 저절로 목소리에 힘이 들어가고 동공이 확장되는 것처럼 내가 미처 깨닫지 못한 감정을 몸이 말해줄 때가 있다.

우리가 흔히 말하는 '직감'은 실제 신경심리학적 근거를 가지고 있다. 대뇌핵의 역할에 대해 연구한 신경심리학자 매튜 리버

먼 Matthew D. Lieberman은 대뇌핵이 우리 뇌에서 종족 유지 및 생존과 관련된 본능적인 욕구를 관장하는 영역이라는 걸 알아냈다. 또한 우리가 경험하는 모든 상황에 대한 행동을 파악하고 정보를 종합해 일정한 패턴을 찾아낸다는 사실도 발견했다.[17] 그래서 대뇌핵은 내가 하고자 하는 일이 나에게 좋은 것인지 나쁜 것인지 직감을 통해 전달해준다. 하지만 대뇌핵은 언어 피질과 연결되어 있지 않아서 우리는 그 감각을 몸으로만 느낄 뿐 그 이유나 배경을 언어로 정확히 설명하기는 어렵다. 우리가 "이유는 모르겠지만 왠지……"라고 말하는 것이 이 때문이다.

직감이 좋은 사람이라면 직감을 믿고 한 일이 좋은 결과를 불러왔던 경험이 있을 것이다. 나도 직감이 발달한 편이라 중요한 일이 있을 때는 내 몸에 주의를 집중해서 느껴보려고 한다. 우리 몸이 보내는 신호에 집중하는 것은 이 일이 내 시그니처에 부합하는지 아닌지 판단하는 하나의 방법이다.

마음의 소리나 신체 반응에서 시그니처에 대한 단서를 발견할 수 없다고 실망하지는 말자. 주변 지인들에게 부탁해서 단서를 모으면 된다. 나는 인식하지 못했지만 나와 많은 시간을 보낸 부모님, 친구, 선생님, 멘토들은 나만의 특별한 점을 알고 있을 가능성이 크다. 그들에게 나의 강점이나 남들과 차별화되는 특징, 내가 무슨 일을 할 때 즐거워 보이는지 물어보는 것이다. 부담 갖지 말고 일단 물어보자! 그리고 그 데이터를 토대로 공통된 주제나 특징을 뽑아내면 그것이 바로 여러분의 시그니처를 찾을 수 있는 좋은 단서가 된다.

돈과 스펙보다 심리 자산이 중요한 시대

2017년 가을, 미국 유학 생활을 마치고 한국에 들어와 보니 발빠른 기술의 변화와 함께 새로운 일자리 창출에 대한 욕구가 그어느 나라보다 역동적으로 끓어오르고 있었다. 그러나 한편으로는 청년 취업난과 일자리 문제가 심각했다. 대학생들을 상담하다 보면 "이번 생은 망했다"는 말을 심심찮게 들을 수 있었다. 자신은 '흙수저' 집안에서 태어나 취업도, 출세도 힘들어 이번 생에할 수 있는 것이 아무것도 없을 거라는 거였다. 부모의 경제력이나 부동산 같은 물질적인 자산이 너무 강조되는 사회적 분위기로인해 상대적으로 박탈감과 무기력을 느끼는 청년이 많았다. 이들은 일자리를 찾거나 주도적으로 일을 시작해보기도 전에 이미 패배주의적인 생각을 하고 있었다. 이런 생각은 내가 관찰하고 만난대학생들만의 생각은 아닐 것이다.

그러나 내가 인터뷰한 12인의 리더를 비롯하여 봉준호 감독, 김연아 선수 등 자신만의 시그니처로 압도적인 성공을 이룬 사람들을 보면 눈에 보이는 자산보다도 심리 자산이 풍부한 것이 공통적이었다. 많은 사람이 '자산'이라고 하면 주택, 채권, 주식, 적금 등의 경제적 자산을 떠올린다. 경제적 자산을 잘 유지하도록 관리해주는 '자산 관리사'라는 직업도 있을 정도로 자산이 가진 경제적인 개념이 더 익숙하다.

그러나 자산의 의미를 사전에서 찾아보면 '개인이나 법인이 소유하고 있는 경제적 가치가 있는 유형·무형의 재산'을 뜻한다. 경제적 자산만이 아니라 경제적 가치가 있는 모든 것을 자산이라고 할 수 있다는 뜻이다. 더욱이 시대적 흐름과 요구에 따라 자산의 개념은 더욱 확장되고 있다. 시대 변화에 따른 자산의 유형을 알아보자.

첫 번째로 우리에게 가장 익숙한 자산인 전통적·경제적 자산이 있다. 전통적·경제적 자산은 '무엇을 가지고 있는가?'에 관한 것이다. 여기에는 집, 자동차, 회사, 공장, 현금 및 채권 등이 해당한다. 소유^{have}가 핵심 키워드이며 소유권에 대한 개념이 포함되어 있다.

두 번째는 지적 자산이다. 지적 자산은 '무엇을 아는가?'에 관한 것으로, 경험이나 교육을 통해 얻은 기술이나 지식, 다양한 아이디어까지 포함한다. 아는 것, 즉 지식이 핵심 키워드이며, 정보에 대한 접근성이나 교육 기회 같은 개념이 포함되어 있다.

세 번째는 사회적 자산으로, '누구를 아는가?'에 관한 것이다. 이는 어려운 일이 생기거나 도움이 필요할 때 힘이 되어줄 수 있는 누군가가 있는지를 나타낸다. 경제적 자산처럼 객관적인 정량 지표로 측정하는 것은 어렵지만 여러 사람과의 관계 속에서 살아가는 우리는 이미 사회적 자산이 가진 힘을 이해하고 있다. '누구 whom'가 핵심 키워드이며, 네트워킹, 다양한 사람과 도움을 주고받을 수 있는 친밀한 관계, 동료, 상사와 멘토 등이 여기에 해당한다.

마지막으로 소개할 자산은 바로 심리적 자산이다. 심리적 자산은 '당신은 누구인가?'에 관한 것이다. 내가 누구인가에 대한 답은 다소 철학적인 개념이지만 주로 타고났거나 개발된 자신의 심리적 강점이나 특성, 상태 등을 포함한다. '존재 being'가 핵심 키워드이며 자기 효능감, 자신감, 낙관성, 자아 탄력성 등이 여기에 해당한다.

지금까지 설명한 네 가지 자산의 유형은 서로 상호작용 하면서 영향을 미치지만, 시대 변화에 따라 중시되는 자산의 유형과 흐름

확장되는 자산 유형과 흐름[18]

전통적·경제적 자산	지적 자산	사회적 자산	심리적 자산
what you have	what you know	who you know	who you are
재정 물질적인 자본 (시설, 장비, 공장)	지식 기술 아이디어	사회적 관계 인적 네트워크 동료 / 가족	효능감 낙관성 자아 탄력성 열정과 끈기

은 정리된 표와 같다.

성장의 동력이 되는 심리 자산

심리학은 아이러니하게도 제1, 2차 세계대전을 계기로 발전해 왔다. 전쟁에 나가 잘 싸울 수 있는 사람들을 어떻게 뽑을 수 있을까에 대한 사회적 필요에 의해 발전했기 때문이다. 심리학 중에서도 특히 심리 검사와 측정 발달이 주로 이루어졌고 심리적인 문제가 있는 사람을 변별하는 것이 주된 관심사였다. 따라서 주로 중증 우울증과 강박증, 정신병리적 문제가 있는 사람들에 관한 심리학 연구가 많았다. 일상생활을 하는 데 심리적인 문제가 있는 사람들에 관한 연구가 활발히 진행된 것이다. 지금도 임상심리학 및 상담심리학에서는 심리적인 문제를 약물과 임상, 상담을 통해 효과적으로 완화하는 연구를 해오고 있다.

그러다 2000년대 초에 미국의 심리학자 마틴 셀리그만Martin Seligman이 이런 심리학적 접근에 의문을 던졌다. 그는 잘못되거나 기능을 잘 하지 못하는 심리적 기제뿐 아니라 인간의 강점을 살릴 수 있도록 도와주는 심리적 기제에도 관심을 가져야 한다고 주장하면서 '긍정심리학'을 제안했다.[19]

사실 긍정심리학 이전에도 '인간의 성장과 자아실현'에 철학적 뿌리를 둔 상담심리학 분야에서는 꼭 정신적, 심리적으로 힘든 사람이 아니라도 어떻게 하면 더 행복하고 건강하게 살 수 있을까에 대한 다양한 연구와 상담 활동을 해왔다. 그러다 긍정심리학이라는 용어의 등장과 함께 인간의 긍정성이 가지는 힘이 더욱 주목받게 되었다. 상담심리학자들과 긍정심리학자들은 우울이나 불안에 비해 관심을 받지 못했던 긍정적인 심리 특성에 대해서도 더 활발하게 연구하기 시작했다. 이들은 긍정적인 심리 특성이 어떻게 행복하고 만족스러운 삶의 자원이 될 수 있는지에 주목하였다. 이는 교육 현장이나 일터에서 활용할 수 있는 긍정적인 심리 특성, 긍정적인 조직문화에 대한 연구로 이어졌다.

상담 및 긍정심리학 흐름

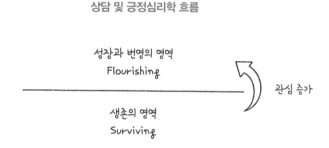

이러한 심리학의 흐름과 함께 사회가 점점 더 불확실하고 예측하기 어려워지면서 2007년 즈음부터 우리가 미래에 더욱 관심을 가지고 키워야 할 것은 '심리 자산'이라는 주장이 나오기 시작했

다. 앞으로 경험하게 될 세상은 과거에 중시했던 물질적 자산만으로는 충분하지 않게 된 것이다. 오히려 물질적 자산은 환경과 사회 변화에 더욱 민감하게 반응하기 때문에 위험성이 높다. 물질적 자산을 열심히 관리했던 것처럼 이제는 개인이 가진 심리 자산을 잘 관리하고 활용하는 것이 중요해지고 있다. 시그니처 인터뷰에 참여한 12인 역시 어떠한 물질적 자산보다도 심리 자산이 풍부하다는 것이 공통점이었다고 설명했다. 앞으로 시그니처를 발현하여 탁월하게 성장하기 위해서 개인과 조직 모두 심리 자산을 어떻게 육성하고 활용할지가 핵심이 될 것이다.

심리 자산은 예측 불가능하고 모호한 환경에서 그 불확실성을 헤쳐가는 내적 과정을 이해할 수 있도록 도와준다. 종종 사람들과 성공과 성장에 대한 이야기를 하다 보면 주로 결과론적 시각에서 접근해 연 매출, 현재 직원의 수, 기업의 규모나 시가 총액 등에만 관심을 쏟는다. 이런 객관적인 수치는 성장 추이를 파악하는 데는 도움이 되지만, 정작 이를 일군 사람이 어떻게 그런 멋진 결과를 만들어냈는지 그 내면의 과정을 알려주지 못한다. 심리 자산은 성공이라는 빛나는 결과에 가려진 이면의 내적 성장 과정을 보여준다는 점에서 그 중요성이 더욱 커지고 있다.

심리 자산이란 1부에서 살펴본 시대적 변화 속에서 나의 분야를 찾아 시그니처를 만들 수 있는 내면의 강력한 동력을 말한다. 산업 분야마다 도메인 지식domain knowledge, 즉 전문 지식은 다르지만 기본적으로 성공 스토리를 만들어온 사람들은 공통적으로 강력한 심리 자산을 가지고 있다.

시그니처 프로젝트를 위해 다양한 분야에서 남들이 가지 않은 길을 개척해나가고 있는 스타트업 대표들과 수많은 스타트업 대표를 멘토링하고 지원해온 벤처캐피털리스트venture capitalists 12인을 만나 심층 인터뷰를 진행하였다. 이를 바탕으로 이들이 공통적으로 가지고 있는 7가지 심리 자산이 무엇인지 살펴보고 심리학 이론과 다양한 국내외 사례들을 통해 불확실한 세상에서 자기다운 일을 할 수 있는 성장 동력으로 심리 자산을 어떻게 사용할 수 있는지 소개하려고 한다.

일의 지도가 바뀌고 있다. 성공의 조건을 외부에서 찾으면서 불안해할 것인가 아니면 심리 자산을 키워 나답게 성장하며 일할 것인가. 답은 여러분에게 달렸다. 성공의 모습은 개개인의 시그니처에 따라 다양할 수 있다. 여러분 안에 이미 내재되어 있는 심리 자산을 일깨워 누구도 대체할 수 없는 당신만의 시그니처를 키워나가길 바란다.

2부

시그니쳐를
키우는
심리 자산이란

나만의 시그니쳐로
성공한 사람들의 7가지 비밀

기회와 운을 창출하는 능력
– 계획된 우연

Planned Happenstance Theory(John Krumboltz)

"미래를 예측하는 가장 좋은 방법은 미래를 만드는 것이다."

– 에이브러햄 링컨(Abraham Lincoln), 미국 16대 대통령

창업에 실패하고 힘들어하던 대학생이 있었다. 그는 실패한 원인이 무엇인지, 무엇이 부족했는지 고민하다가 4학년 1학기 때 용기를 내서 창업에 재도전하기로 결심했다. 그러던 중 초기 유망 스타트업을 발굴하는 액셀러레이터 회사인 '프라이머Primer'의 대표가 창업 강연을 한다고 해서 참석하였다. 강연이 끝난 후 그는 강연자에게 다가가 질문을 하고 조언도 얻고 싶었다. 그런데 이미 업계에서 유명한 인물이기 때문인지 프라이머 대표에게 아무도 선뜻 다가가거나 말을 건네지 않았다. 그 대학생은 용기를 내 대표에게 다가가 인사를 하고 명함을 내밀었다. 그리고 이 아주 작

은 행동이 현재 여행 상품 중개 플랫폼으로 빠른 성장 곡선을 그리고 있는 마이리얼트립 Myrealtrip 을 만들었다. 프라이머 대표에게 명함을 건넨 대학생은 마이리얼트립의 이동건 대표였다.

이 이야기를 들으면 이동건 대표의 머릿속에 이미 좋은 사업 아이템이 있어서 자신 있게 인사하러 간 것이 아닐까 생각할지도 모르겠다. 하지만 그는 구체적인 사업 아이템도 없는 상태였다. 오히려 강연 후의 대화 중에 프라이머 대표가 그에게 좋은 사업 아이템이 있는데 해보지 않겠냐고 권했다. 그렇게 시작한 사업이 마이리얼트립이었던 것이다.[1]

급성장하고 있는 SNS 기반 패션·뷰티 플랫폼 스타일쉐어의 윤자영 대표도 우연한 기회에 창업을 하게 되었다. 온라인 쇼핑을 즐겼던 그녀는 직접 찾은 괜찮은 패션 아이템이나 옷에 관한 정보를 또래 학생들과 공유할 수 있는 플랫폼이 있었으면 좋겠다는 생각을 하고 있었다. 그러던 중 우연히 영국의 한 블로거가 그녀가 생각한 것과 비슷한 형태의 플랫폼을 가볍게 운영하고 있는 걸 발견했다. 그런데 어느 날 학교에서 영국 미술관 견학 프로그램의 인원을 모집한다는 공고를 보았다. 그녀는 그 영국 블로거를 만나고 싶다는 생각에 무작정 지원을 했다. 운 좋게 선발이 되었고 그녀는 영국 블로거에게 이메일로 자신을 소개하면서 한번 만나달라고 요청했다. 이메일을 받은 블로거는 응답해주었고 실제로 만날 수 있었다.

윤자영 대표는 이 만남에서 스타일쉐어 초기 모델 아이디어에 대한 확신이 생겨서 창업을 할 수 있는 용기를 얻었다고 말한다. 그러나 대학생에게 창업 자금이 있을 리 없었다. 아이디어를 실행에 옮기지 못하고 있던 차에 스타트업 초기 투자사 대표가 학교에 강의를 하러 왔다. 학생이었던 윤자영 대표는 강의에 참석했고, 강의가 끝난 뒤 투자사 대표에게 자신의 아이디어를 스케치한 노트를 보여주었다. 그리고 그것이 창업 투자로 이어졌다. 그저 스쳐 지나갔으면 아무것도 아니었을 두 번의 만남을 기회로 연결시킨 것은 블로거에게 이메일을 보내고, 투자사 대표에게 자신의 아이디어를 보여준 아주 작은 행동이었다.

관심 있는 강연을 찾아서 들으러 간 것, 용기를 내 강연자에게 먼저 다가가 인사를 건네고 자기소개를 한 것은 누구나 해볼 수 있는 작은 행동이다. 그 강연을 수많은 사람들이 들었을 것이고, 그중에는 마이리얼트립 대표나 스타일쉐어의 윤자영 대표처럼 스타트업을 준비하고 싶어 하는 많은 예비 창업자가 있었을 것이다. 하지만 대부분의 사람들은 그저 한 번의 강연을 듣는 것에서 끝낸다. 강연 후 연사에게 다가가 인사말을 건네고 자기소개를 하며 연락처를 물어볼 생각은 하지 않는다. 그렇게 '기회일 수도 있는' 순간을 대부분 아깝게 흘려보낸다.

'저 대표는 내가 말을 걸기엔 너무 대단한 사람 같은걸?'

'나는 아직 뚜렷한 창업 아이디어가 없는데, 괜히 내 소개를 해

봤자 창피만 당하는 거 아닐까?'

'가서 이야기를 나눠보고 싶지만 무슨 말로 시작해야 할지 모르겠어.'

우리의 행동을 방해하는 이러한 염려와 걱정 때문에 우리는 일상에서 마주치는 소중한 기회를 날려버리고 있는지도 모른다. 생각보다 '인사 건네기', '자기소개 하기', '이메일 보내기'와 같이 아주 작은 행동들이 미처 생각하지 못했던 좋은 기회로 연결되는 경우가 많다. 머릿속으로 백날 생각해도, 아주 작은 행동 하나로 기회를 만들어낼 가능성의 문을 열지 않으면 아무 일도 일어나지 않는다.

불확실한 상황일수록 우연을 계획하라

운과 기회는 내가 만들어갈 수 있는 걸까? 그렇다면 어떻게 만들 수 있을까? 인터뷰에 참여한 리더 12인의 큰 공통점 중 하나는 의외로 현재 자신이 하고 있는 일을 어렸을 때부터 계획하지 않았다는 점이었다. 그들이 지금 하고 있는 일을 돌아보면, 아주 사소한 행동들이 뜻밖의 행운으로 연결되어 여기까지 올 수 있었다고 말한다. 우연한 기회가 새로운 발견이나 행운으로 이어지는 '세렌디피티 Serendipity'의 순간을 경험한 것이다.

비과학적으로 보이는 이 현상은 이미 진로심리학 분야에서 연구를 통해 증명된 개념이기도 하다. 스탠퍼드대학교의 저명한 심리학자이자 『Luck is No Accident』(국내에는 『굿럭』이라는 제목으로 출간)의 저자이기도 한 존 크럼볼츠 John Krumbloltz는 '계획된 우연 이론 Planned Happenstance Theory'2을 제시했다. '계획'과 '우연'이라는 말은 상충하는 의미가 아닌가? 어떻게 우연을 계획할 수 있단 말인가? 아마 이런 의문이 들 것이다.

이 이론은 진로를 선택하고 발달시키는 과정에서 '우연'이라는 요인에 주목했다. 삶에는 우리가 통제할 수 있는 상황도 있지만, 많은 경우 통제할 수 없다는 점을 인정하는 데서 이 이론은 출발한다. 그렇다면 통제할 수 없는 우연한 사건을 어떻게 바라보고 대처할 것인가? 우리의 삶이 우연으로 가득 차 있으니 전적으로 우연에 맡기고 살아가야 할까? 그렇지 않다. 이 이론은 우연한 기회나 사건을 우리 진로에 유용한 기회로 만들 수 있다고 주장한다. 인생에서 예기치 않은 사건을 진로 결정에 긍정적으로 작용하도록 만드는 것이 바로 '계획된 우연'이다.

존 크럼볼츠 교수가 이 이론을 내놓은 데는 자기 자신의 경험이 영향을 미쳤다. 2009년 존 크럼볼츠 교수가 고려대학교를 방문하여 강연을 했는데 그때 자신이 어떻게 심리학자가 되었는지 이야기해주었다. 나는 당연히 이렇게 유명한 심리학자라면 어려서부터 심리학 전공을 꿈꾸며 계획하고 준비했을 거라고 생각했다. 하지만 그는 어렸을 때 자신이 심리학자가 될 거라고는 전혀 예상치 못했다고 한다.

그는 테니스를 좋아해서 테니스 선수가 될까 고민했고, 대학교에 들어가서도 전공을 정하지 못하고 있었다. 그러던 어느 날 친구와 테니스를 치고 있는데, 한 친구가 뛰어오더니 "존, 너 오늘 5시까지 전공 정해서 학과에 알려주지 않으면 졸업하는 데 문제가 생길 거래"라고 말했다. 그는 머릿속이 하얘졌다. '무슨 공부를 하고 싶은지도 모르는데 전공을 어떻게 적지?' 고민을 하다 보니 서류 마감시간이 한 시간 남았다. 마음이 급해진 그는 자신의 테니스 코치를 찾아갔다. 테니스 코치는 고민하는 그에게 망설임 없이 "심리학!"이라고 외쳤다고 한다. 나중에 알고 보니 그 테니스 코치가 심리학과 전공이었다는 단순한 이유로 추천한 것이었다.

이처럼 우연한 사건을 통해 존 크럼볼츠 교수는 심리학을 공부하게 되었고, 80세가 넘도록 심리학계에 많은 영향력을 끼치는 저명한 심리학자가 되었다. 심리학을 선택하게 된 자신의 경험을 계기로 다른 사람들의 사례를 연구하면서 그는 계획된 우연을 이끌어내는 방법을 이론화했다.

계획된 우연 이론은 단순히 우리 삶이 우연으로 가득 차 있다는 걸 알려주는 것이 아니다. 살아가면서 우리는 모든 상황을 통제할 수 없고 많은 우연이 존재하는데, 이런 우연을 어떻게 하면 우리 진로에 유용한 기회로 만들 수 있는가를 이야기하는 것이다.

TCK인베스트먼트의 전무이자 〈비정상회담〉으로 우리에게 잘 알려진 마크 테토도 인터뷰를 통해 뉴욕에서 일할 당시만 해도 한국에서 살게 될 거라고는 전혀 예상하지 못했다고 말했다. 학교 선배가 우연히 '한국에서 이런 사람을 찾고 있다는데 한번 연결해줄까?'라는 이메일을 보냈고, 열린 마음을 가지고 승낙했던 것이 긴 여정의 시작이었다고 한다. 한국에서 일한 지 벌써 십여 년이 되었다는 그는 투자자로 활발하게 활동하면서 방송인으로, 또 외국인의 관점으로 한국의 아름다운 문화재와 예술품을 널리 알리는 역할로 고유한 색채를 보여주며 자신만의 길을 만들어가고 있다.

이처럼 우리의 삶은 예상치 못한 우연한 사건에 영향을 받는다. 어떤 사람들은 그 우연을 인생의 행운으로 만들지만, 어떤 사람들은 그냥 흘려보낸다. 일을 할 때도 마찬가지다. 통제할 수 없는 우연의 사건이 가득한 환경에서 운과 기회를 창출할 수 있는 구체적인 태도에 대해 살펴보자.

우연을 기회로 만드는 다섯 가지 방법

계획된 우연을 만들기 위해서는 불확실한 현실에 대한 호기심과 낙관성, 융통성, 인내심, 위험을 감수하는 자세까지 다섯 가지가 중요한 역할을 한다.[3] 이 다섯 가지 요소는 우리 일상에서 일어나는 우연한 일들을 뜻하지 않은 행운이나 기회로 변화시키는 놀라운 힘을 가지고 있다.

첫 번째로 설명할 요소는 호기심이다. 주변에서 일상적으로, 혹은 계획하지 않았는데 일어나는 사건에 대해 호기심을 갖는 자세가 필요하다. 호기심은 모든 변화의 시작점이다. 호기심을 가지면 새로운 기회를 마주했을 때 열린 마음으로 탐색하게 되고 다양한 기회와 운을 만들어낼 수 있다.

두 번째, 낙관성은 새로운 기회나 사건을 긍정적인 신호로 받아들이는 걸 의미한다. 같은 기회나 사건이라 할지라도 그것을 긍정적인 신호로 받아들이면 신기하게 긍정적인 결과로 이어진다. 반대로 부정적인 신호로 받아들이면 부정적인 사건으로 이어질 확률이 크다. 그만큼 관점의 차이는 판도를 바꿀 정도로 강력하다. 실제로 성공한 12인을 인터뷰했을 때 인상 깊었던 것이 미래를 우려나 걱정의 시각으로 보는 것이 아니라, 기회의 순간으로 바라본다는 점이었다.

세 번째, 융통성은 예상치 못한 어려움을 만났을 때 그 상황에 맞는 적절한 태도를 갖고 상황을 변화시킬 수 있는 기술을 말한다. 무슨 일이든 하다 보면 장애물이 나타나고, 예상하지 못한 변수가 생긴다. 비록 계획하지는 않았지만 뜻밖의 상황에 적절하게 대처하는 유연한 태도는 우연을 내 편으로 만들어준다.

네 번째 요소는 불확실성에 대한 인내심이다. 모호한 현실의 상황에서도 끈기를 가지고 노력을 지속하는 것이다. 시그니처를 만들어낸 사람들은 상대적으로 어려움이 적었던 사람들이 아니라 어려움에도 포기하지 않고 지속적으로 노력한 사람들이었다.

마지막은 위험을 감수하는 자세다. 쉽지 않지만 불안한 시대를 살아가고 있는 우리 모두에게 매우 필요한 자세다. 불확실한 결과에 대해 위험을 감수하고 한번 해보는 것이 작은 사건도 큰 행운으로 만드는 능력이다. 불확실함을 두려워하지 말고 자신을 믿고 행동으로 옮기는 자세가 무엇보다 필요하다. 위험을 감수할 만한 선택을 하기 위해서는 이 선택이 나에게 얼마나 가치 있는지, 이 선택을 하지 않으면 나중에 얼마나 후회할 것인지 생각해보면 결정을 내리는 데 도움이 된다.

이 다섯 가지 요소들은 새로운 시대를 살고 있는 우리에게 매우 유용한 자질이다. 미래의 일은 전문가들조차 예측하기 어렵다. 어느 누구도 정답을 제시할 수 없는 불확실성 속에서는 스스로 기회를 창출하고 만들어가는 힘이 무엇보다 중요한 능력이 된다. 아주 작은 행동들이 큰 기회와 행운을 불러오는 계획된 우연을 만들어 낸다는 사실을 기억하자.

행운을 가져다주는 1퍼센트의 사소한 행동

그렇다면 계획된 우연 이론을 바탕으로 우리가 구체적으로 기회를 창출할 수 있는 방법은 무엇일까? 그 첫걸음은 자신의 루틴, 즉 일상적으로 하던 일에서 벗어나 색다른 시도를 해보는 것이다. 관심과 호기심을 갖고 해보지 않았던 것, 익숙하지 않은 것을 시도해보자. 거창한 걸 말하는 게 아니다. 아주 작은 것이라도 좋다. 매일 뛰던 운동 코스를 바꾼다거나 늘 만나던 친구가 아닌 새로운 사람을 만난다거나 테니스 동호회나 등산 모임 등 새로운 모임에 나가볼 수도 있다.

또한 잘 알지는 못하더라도 관심 있는 분야가 생기면 너무 두려워하지 말고 기초부터 시작해보자. 요즘 블록체인이나 인공지능, 코딩에 대한 이야기가 많이 나오고 있다. 관심은 있어도 어디서부터 시작해야 할지 막막한 사람이 많을 것이다. 막막하다고 걱정하며 시간을 보내기보다는 지금 당장 할 수 있는 아주 작은 행동부터 실천해보는 것은 어떨까. 관련 주제를 인터넷에서 찾아보거나 관련 분야의 책 한 권을 읽어보는 것도 좋다. 시작은 언제나 '그걸로 되겠어?'라고 할 만큼 사소한 일이다.

마지막으로 스타일쉐어나 마이리얼트립의 대표처럼 조언을 받고 싶은 누군가를 만난다면 망설이지 말자. 조언을 구한다는 것은 조언을 받는 사람뿐만 아니라 조언을 주는 입장에서도 감사한 기회이자 행운의 순간이다. 조언을 받고 싶은 마음이 간절하다면 거절을 두려워하지 말고 당당하게 가서 인사하고 자신을 알리자. 여러분의 이메일 한 통이나 인사 한마디가 서로에게 아주 커다란 행운을 가져다줄 수도 있다. 진심은 서로 통한다.

뜻밖의 행운을 부르는 편견 없는 태도

어떤 사람들은 스스로 운이 좋다고 말하고, 또 어떤 사람들은 정말 운이 없다고 말한다. 이 차이는 무엇일까? 운은 정말 타고나는 것일까? 지금까지 일을 하면서 행운이라 여길 수밖에 없는 세렌디피티의 순간을 많이 경험했다는 사람이 있다. 소셜 벤처 및 사회적 기업 등에 투자하는 임팩트 투자 기업 크레비스파트너스의 김재현 대표다.

일을 하다 보면 예상치 않은 어려움에 봉착하기도 하고, 도움이 필요한 순간이 많다. 그럴 때마다 김 대표는 필요한 사람과 우연히 연결되는 신기한 경험을 했다고 한다. 몇 년 전 김재현 대표가 프로젝트를 준비하는데 특정 기술을 보유한 인력을 구하기 힘들어 어려움을 겪은 적이 있었다. 그런데 우연히 예전에 한번 호의로 도움을 드린 분이 생각지도 못하게 적임자를 소개해주어서 문제를 해결한 경험이 있었다고 한다. 이처럼 계획하지 않은 우연한 만남과 호의가 결정적인 순간에 큰 도움으로 이어지는 사례가 많았다고 말한다.

"뜻밖의 행운이 예상치 못한 곳에서 오는 경험을 많이 하다 보니까 사람을 만날 때 외부 조건을 보고 판단하지 않는 훈련을 하는 편이에요."

겉으로 보고 '이 사람이 당장 나에게 도움이 되겠다' 혹은 '안 되겠다'고 판단하기 쉽다. 그는 의식적으로 고정관념에서 자유로워지려는 노력을 한다고 말한다.

"그래서 외적인 조건을 보고 우리가 도와줄지 말지를 판단하는 게 아니라 한 번도 시도하지 않았거나 경험해보지 않은 기회라고 생각되면 하자는 게 저희 방침이에요. 그리고 기회비용을 따지기보다 누구에게든 요청이 들어오면 한 번은 도와주려고 노력하는 편이에요."

사회가 팍팍해질수록 '이 일을 하면 나한테 얼마만큼의 이득이 될 것인가'를 따져보느라 에너지를 많이 쓰게 된다. 하지만 위의 사례에서도 알 수 있듯이 우리는 감사하게도 다른 사람의 성장을 도와주면서 오히려 내가 성장하는 경험을 한다. 고정관념과 조건의 틀에 갇혀 무수한 행운의 기회를 놓치고 있는 것은 아닌지 생각해볼 일이다.

기회와 운은 예기치 못하게 찾아온다. 손익계산을 따지기보다 뜻밖의 기회와 운이 나를 언제든 찾아올 수 있도록 마음의 문을 활짝 열어두는 것이 바로 숨겨진 성공의 비밀이 아닐까.

거절을 기회로 바꾸는 능력

앞서 계획된 우연을 위해 거절을 두려워하지 말고 행동하라고 했지만 말처럼 쉽지 않다는 걸 나도 잘 알고 있다. 거절을 당하면 누구나 상처를 받게 마련이다. 하지만 이 또한 훈련을 통해 나아지거나 극복할 수 있다고 이야기한 사람이 있다.

바로 '100일간의 거절을 통해 배운 것들'이라는 주제로 테드 Ted 강연을 한 지아 지앙 Jia Jiang 이다.[4] 지아는 여섯 살 때 친구들에게 거절당한 경험이 자신의 인생에서 가장 큰 장애물이었다고 말한다. 성인이 된 후에도 회의 시간에 새로운 아이디어를 낼 때 다른 사람들의 반응에 대한 두려움이 있었다고 말한다. 지아에게 좋은 아이디어가 떠올라 창업을 시도했을 때는 투자자에게 거절을 당했는데, 거절에 대한 두려움이 되살아나면서 더 이상 아무것도 할 수 없는 힘든 시간을 보냈다고 한다. 그리고 거절에 대한 두려움이 자신이 새로운 걸 시도하거나 제안할 때 큰 걸림돌이 된다는 것을 깨닫고 이를 극복하기 위한 100일간의 프로젝트를 기획했다.

이 프로젝트는 말 그대로 100일 동안 거절을 경험해보고, 그 경험에서 배운 것을 영상이나 글로 적는 것인데 그 내용이 참 기발하고 재미있다. 낯선 사람에게 약 10만 원 빌려보기, 햄버거 가게에서 음료수 리필이 아닌 버거 리필을 요청해보기, 도넛 가게에서 도넛 다섯 개로 오륜기처럼 만들어달라고 요청하기 등 소소하지만 일상생활에서 시도하기 어려울 법한 일을 요청하고, 거절당하기를 반복했다.

지아는 프로젝트 초반, 조금이라도 거절당할 기미가 보이면 너무 두려워서 도망가기 바빴다. 마치 어렸을 때로 돌아간 것처럼. 하지만 거절의 두려움에 묶여 살고 싶지 않았던 지아는 프로젝트를 통해 거절을 당해도 바로 도망가지 않고, 거기에 머무르면서 거절을 기회로 바꾸는 비밀을 깨닫게 되었다. 그 비밀은 타인의 거절이 자신을 규정하는 잣대가 아님을 깨닫고, 거절을 있는 그대로 수용하고 다른 기회를 찾는 것이었다.

새로운 일을 시도할 때는 누구나 다양한 두려움과 마주하게 된다. 그중 대표적인 것이 바로 실패와 거절에 대한 두려움이다. 우리 팀 아이디어가 거절당하면 어떡하지, 투자자가 반대하면 어떡하지, 이번 프로젝트가 실패하면 어떡하지 등 새로운 도전은 수많은 두려움을 동반한다.

취업 전선에서는 경쟁률이 높은 만큼 거절당할 확률도 높아진다. 하지만 거절에 대한 두려움 때문에 아무런 행동도 하지 않는다면 직업을 찾을 수 있는 방법은 없다. 떨어질 가능성을 받아들여야 입사 지원을 할 수 있고, 창업 역시 그 과정에서 겪을 수많은 거절의 가능성을 받아들여야 시작할 수 있다.

다양한 창업가와 투자자들을 인터뷰하면서 발견한 공통점이 있다. 그들도 다른 이들과 마찬가지로 창업 과정에서 수많은 거절을 경험했지만 그것에 낙담하지 않고 오히려 거절의 경험을 '다시 해보지 뭐', '더 좋은 곳에 지원해보면 되지' 아니면 '더 좋은 제품을 만들어서 다시 시도해보자'라는 긍정적인 에너지로 바꾸었다는 점이다.

희귀 질환을 앓고 있는 환자들이 직접 생성한 데이터로 네트워크를 구축하고, 치료제 개발과 연구에 기여하는 스타트업인 휴먼스케이프도 초기에는 환자들과 신뢰가 쌓여 있는 상태가 아니었기 때문에 환자들에게 무수히 많은 거절을 당했다고 한다. 하지만 포기하지 않고 가능한 방법을 계속 찾아서 노력한 결과 헬스케어·의료 분야에서는 카카오 블록체인 플랫폼의 첫 번째 파트너로 선정되었고, 각각 국내를 대표하는 제약회사, 벤처캐피털인 녹십자홀딩스, 한국투자파트너스로부터 투자를 유치하는 등 꾸준한 성장세를 보이고 있다.

새로운 기회를 잡고 싶다면 거절을 두려워하지 말자. 거절이 나를 낙담시키도록 내버려두지도 말자. 우리가 생각하지 못했던 기회와 운은 거절의 마스크를 쓰고 있는 경우가 많다. 거절의 마스크에 놀라서 도망가지 말고, 용기 내어 다가가서 그 마스크를 벗겨보자. 그 안에는 뜻밖에도 행운의 여신이 웃으면서 당신을 바라보고 있을지도 모른다.

※ 두려움 3일 극복 프로젝트

1장에서 살펴본 것처럼 지아 지양은 '100일간의 거절 프로젝트'를 통해 거절에 대한 두려움을 극복하였습니다. 지아 지양이 '거절'에 대한 두려움이 있었던 것처럼 우리도 내면에 여러 가지 두려움을 갖고 있습니다. 나도 모르는 사이에 나의 기회와 운을 제한하고 있을지 모르는 두려움은 무엇인지 생각해봅시다.

1. 나의 일상 속에서 두려움 때문에 시노하지 않았던 것 세 가지를 적어봅시다.
　[예시] 회의 시간에 가장 먼저 내 의견을 발표하는 것이 두려워 주로 다른 사람들의 이야기를 듣고 의견을 제시했다.

1)

2)

3)

2. 1번의 행동을 극복할 수 있는 방법을 구체적인 행동으로 각각 적어봅시다.
　[예시] 회의나 발표 시간에 다른 사람들의 눈치를 보지 않고 가장 먼저 나의 의견을 제시해본다.

1)

2)

3)

 두려움은 가만히 있다고 사라지지 않습니다. 하루에 하나씩 내가 가진 두려움을 극복할 수 있는 작은 행동을 시도해보세요. 평소에 하지 않았던 그 작은 행동들이 여러분에게 생각지 못한 큰 기회와 행운을 가져올 수 있습니다.

실패를 경험으로 여기는 태도
– 학습목표 지향

Learning Goal Orientation(Carol Dweck)

> "실패는 하나의 옵션이다. 실패하지 않는다면,
> 당신은 충분한 혁신을 이룰 수 없다."
> – 일론 머스크(Elon Musk), 테슬라 창업자

    우리나라 대통령 직속 4차 산업혁명위원회 초대 위원장을 맡아 미래를 위한 산업 생태계 구축에 기여하였던 크래프톤의 장병규 의장은 한국의 대표적인 창업가이자 투자가로 손꼽히는 인물이다. 네오위즈의 공동 창업자로 크게 성공했고, 이후 게임 제작사인 블루홀 스튜디오를 공동 창업했다. 또한 게임 전문 기업 크래프톤 이사회 의장을 맡아 '배틀그라운드'를 탄생시킨 '펍지'와 온라인게임 '테라'를 만든 '블루홀' 등을 산하에 두고 있다.

    장병규 의장을 인터뷰했을 때 투자자가 된 계기가 인상적이었다. 그가 창업에 성공하고 많은 자본이 생겼을 때 친구며 선후배

들이 찾아와 투자를 부탁했다고 한다. 당시만 하더라도 규모가 어느 정도 되어야 투자를 받을 수 있었다. 신생 기업에 투자할 수 있는 기관이나 투자 회사도 존재하지 않았다. 창업자에 대한 애정으로 부탁을 거절하기 힘들었던 장 의장은 40억 원 정도를 약 15개 신생 기업에 투자했다. 이것이 바로 초기 스타트업에 투자하는 '엔젤 투자'라는 걸 모른 채 우연히 투자자의 길을 걷게 된 것이다.

그 결과는 어떻게 되었을까? 완벽한 실패였다. 투자한 기업이 모두 다 망했다. 이런 상황에 황당하고 화도 났을 법한데, 중요한 지점은 바로 여기부터였다. 크게 실패했을 때 갈 수 있는 방향은 두 갈래다. 깨끗이 포기하고 다른 길을 가거나, 실패를 하나의 경험으로 여기고 재도전하거나. 두 가지의 선택지 중 장 의장은 후자를 선택했다. 그리고 큰 실패를 계기로 아예 제대로 기업의 초기 투자에 대해 공부해보기로 마음먹었다. 그 후 6개월 동안 집중적으로 초기 투자와 관련된 스터디 그룹을 만들어 공부했다. 그는 만약 투자했던 기업 중 하나라도 성공했다면 그렇게까지 열심히 공부하지 않았을 수도 있다며 초기 투자의 완전한 실패 경험이 지금의 벤처캐피털 본엔젤스를 만들었다고 말한다.

실패를 좋아하는 사람은 없다. 하지만 살면서 한 번도 실패해보지 않은 사람은 없다. 실패는 우리의 삶과 떼려야 뗄 수 없는 관계에 있다. 그런데 성공한 사람과 그렇지 않은 사람의 차이를 보면 실패를 겪어봤는지 아닌지로 나뉘는 건 아니다. 모두가 실패를 겪는데 이 실패를 어떻게 바라보고 대처하는가가 미래의 명암을 가른다.

실패를 대하는 태도가 모든 걸 바꾼다

심리학에는 '목표 지향 이론 Goal Orientation Theory'이 있다. 목표 지향 이론은 사람들이 미래에 바라는 위치와 현재의 위치 사이의 간극을 줄이기 위해 일련의 활동을 하도록 동기화된다고 설명한다. 그리고 목표를 왜 성취하려고 하는지 그 이유에 따라 크게 수행목표 지향Performance goal orientation과 학습목표 지향Learning Goal Orientation 으로 나눈다.

먼저 수행목표 지향성을 가진 사람은 자신의 능력을 증명하는 데 관심이 많다. 그러다 보니 타인에 비해 좋은 평가를 받는 것이 매우 중요하다. 타인보다 잘하는 것이 현재와 미래 사이의 간극을 줄이는 기준이 되기 때문이다. 잘하는 게 목표이기 때문에 어렵다고 느끼거나 이전에 해본 적이 없는 일, 실패가 예상되는 방향으로는 가려 하지 않는다. 상대적으로 쉽고, 익숙하고, 성공 경험이 있는 목표를 지향하는 경향이 있다.

반면 학습목표 지향성을 가진 사람은 자신이 잘하는지 못하는

수행목표 지향성과 학습목표 지향성의 차이[5]

	수행목표를 지향하는 사람	학습목표를 지향하는 사람
목표 지향성	쉽고 익숙한 목표 지향	새롭고 어려운 목표 지향
주된 관심	내가 타인에 비해 뛰어나다는 것을 어떻게 증명할 수 있는가	무엇을 배우고 성장할 수 있는가
실패에 대한 반응	실패 회피	포기하지 않고 해결

지에 대한 관심보다는 어려운 과제를 통해 얼마나 배우고 성장할 수 있는지를 중요하게 여긴다. 그래서 해보지 않았던 새로운 일, 상대적으로 도전적이고 어려운 일을 시도하는 경향이 있다. 또 어려움에 직면했을 때 문제 해결을 위해 포기하지 않고 지속하는 특징을 보인다.

아직 많은 학교 혹은 조직의 평가가 '큰 실패'를 부정적으로 바라보고 '큰 오점'으로 낙인찍는다. 그러다 보니 학습목표 지향적인 행동이나 문화가 아직 활성화되지 않은 것이 사실이다. 그러나 미래의 일의 특성을 한마디로 '새로운 것에 대한 도전'이라 정의한다면, 실패에 대한 관점을 바꿀 때이다. 이 관점의 변화는 내가 가려고 하는 길의 방향을 바꿔놓을 수 있을 만큼 중요한 문제다.

실패는 나를 성장시키는 하나의 경험일 뿐

심층 인터뷰에 참여한 12인 그리고 현재 새롭게 자신만의 길을 성공적으로 만들어가고 있는 사람들은 실패를 대하는 태도에서 공통점을 보였다. 바로 실패를 배움을 얻는 하나의 '경험'으로 인식하는 것이다. 농가에서 버려지는 젖소의 초유로 화장품을 만든다는 아이디어로 팜스킨을 만들어 이끌고 있는 곽태일 대표는 창업을 한 뒤, 매일 크고 작은 실패를 경험한다고 말한다.

"매일이 실패의 연속이고, 그걸 바탕으로 다시 시도하는 과정을 거치는 중이에요. 단지 그 과정에서 포기하지 않고 끝까지 간다는 점이 지금까지 저희가 성장하고 존재하는 이유죠."

스타일쉐어 윤자영 대표 역시 "기업이 문을 닫는 순간은 실패한 순간이 아니라 도전을 포기하는 순간이에요"라고 말한다.

그래서 가장 무서운 적은 실패 그 자체가 아니라 '실패에 낙담하고 포기하는 태도'라고 그녀는 덧붙였다.

한국인으로서 LA 유명 할리우드 배우들도 애용하는 화장품을 만들며 글로벌 기업으로 성장하고 있는 글로우 레시피의 사라 리 대표는 사업을 시작하면 생각지도 못한 사건, 사고들의 연속이라고 말한다. 어떻게 대처해야 하는지 모르는 처음 겪는 일들이 계속 일어나는데 해결책을 주는 사람이 없어서 막막할 수 있다고 이야기한다.

"모르는 일의 연속이고 그걸 풀어나가야 하는 과정이 반복되는데, 그 과정에서 계속 '나는 왜 이걸 몰랐지' 하면서 낙심하면 정말 우울한 인생으로 가는 지름길이에요. 어려움에 닥쳤을 때 하나하나 해결해나가면서 성취감을 느끼는 데 집중해야 즐겁게 일할 수 있는 것 같아요. 우리는 성공 경험을 통해서도 배우지만 실패 경험을 통해 더 많이 배우는 것 같아요."

다양한 모바일 금융 서비스를 제공하고 있는 토스의 이승건 대표도 토스를 창업하기 전 8번의 실패를 경험했다고 한다. 그 실패의 경험을 통해 '내가 원하는 서비스'를 만드는 게 아니라 '사람들이 원하는 서비스'를 만들어야 한다는 걸 배웠다. 그는 다양한 실패의 경험이 지금의 토스를 만든 큰 자산이 되었다고 말한다.

이들은 공통적으로 좌절과 실패의 경험이 결코 자신을 멈추지 못한다는 사실을 알았다. 실패를 너무 가볍게 받아들여서도 안 되겠지만, 너무 예민하게 받아들일 필요도 없다. 좌절한 상태에 머무르지 않고, 실패를 통해 무엇을 배웠는지에 집중하는 게 무엇보다 중요하다.

스타트업에 투자하는 벤처 투자자들 역시 투자를 결정할 때 해당 기업이 똑똑한 실패를 경험한 적이 있는지를 평가한다. 많은 투자자들이 실패의 경험을 통해 창업자가 어떻게 대처하고 무엇을 배웠는지를 중요하게 본다고 말한다. 크고 작은 실패가 반복될 수밖에 없는 냉혹한 사업의 세계에서 실패를 성장의 발판 삼아 성공으로 가는 동력으로 바꿀 수 있는지 보기 위해서다.

스키를 처음 배울 때도 강사가 가장 먼저 알려주는 것이 바로 '넘어지는 기술'이다. 제대로 넘어지고, 또 일어날 수 있어야 코스의 난이도를 높여가며 진정으로 스키의 재미를 느낄 수 있다. '무언가를 배운다'는 말 안에는 '넘어진다'는 의미도 포함되어 있는 것 같다. 어린 시절, 걸음마를 배울 때도 우리는 이미 수백 번 넘어지지 않았던가. 그러니 일을 할 때도 넘어지는 것을 너무 두려워하지 말자. 넘어지고, 다시 일어나는 방법을 터득하는 것에 집중하게 되면 비로소 스키의 즐거움을 느낄 수 있듯이 우리도 일 자체를 즐길 수 있을 것이다.

실패를 다루는 세 가지 기술

실패를 바라보는 관점이나 태도 역시 훈련이나 교육을 통해 개선할 수 있다. 하지만 안타깝게도 우리가 받은 교육이나 평가를 되돌아보면 과정 중심이라기보다 결과 중심의 시스템이 주를 이루었다. 그래서 잘하는 것, 실수하지 않는 것이 가장 중요하다고 믿게 되었다. 실수하지 않으려면 안전하게 가는 것이 최선의 방법이었다. 이런 메시지는 의식적으로, 또 무의식적으로 우리 머릿속에 깊게 자리 잡았다.

그렇다면 어떻게 실패를 경험으로 바라보는 태도를 키울 수 있을까?

첫째, 실패와 나 자신을 동일시하지 말고 분리해야 한다. 실패한 뒤 크게 좌절하는 사람들을 보면 실패를 업무에 대한 실패로 여기지 않고, 자기 자신의 실패라고 확대해석하는 경우가 많다. 심하게는 스스로를 '루저'로 인식하기도 한다. 실패는 업무에 한해서 일이 잘 안 풀린 것일 뿐 업무가 실패했다고 당신이 실패자는 아니다.

둘째, 자기 자신을 실패와 분리할 수 있는 심리적 거리감이 생겼다면, 실패 자체를 좀 더 객관적으로 바라보고 분석하는 힘을 길러야 한다. 실패를 하나의 현상으로 바라보고, 실패의 원인을 다양한 각도에서 파악해보자. 실패의 원인은 내가 한 일이나 행동과 관련 있을 수도 있지만, 외부의 환경적인 요인 때문일 수도 있다.

셋째, 실패의 원인을 분석한 결과 그 원인이 통제할 수 있는 요소였다면, 비슷한 일이 또다시 발생했을 때는 어떻게 통제하여 실패를 줄일 수 있을지 생각해보고 적용해야 한다.

과거 산업화 시대에는 반복적인 일이 많아서 실수 없이 정확하게 일을 처리하는 것이 중요했다. 하지만 미래의 일이란 익숙한 사람이 없고 누구에게나 예측 불가능하다. 롯데그룹의 신동빈 회장도 2019년 신년사를 통해 '빠른 실패'를 강조하며 성공보다는 빠른 실패를 독려하는 조직이 돼야 한다고 말했다. 또한 비록 실패를 했더라도 남들이 하지 않은 일을 먼저 경험했다는 것 자체가 큰 경쟁력이 될 것이라고 말했다. 초기 스타트업 전문 투자사 매쉬업엔젤스를 이끌고 있는 이택경 대표도 미래에는 고객의 필요에 대한 관찰력과 빠른 실행력을 바탕으로 시장에서 기본적인 가설을 검증받고, 부족한 부분은 수정해서 제대로 된 제품과 서비스를 선보일 수 있도록 다시 도전하는 태도가 점점 더 중요해지고 있다고 말한다.

어떠한 실패도 없이 한 번에 혁신적인 기술을 개발하거나 시스템을 만들어낼 수 있을까? 하나의 혁신을 이루기 위해서는 수많은 시행착오를 겪어야 할 것이다. 그리고 그것을 통해 학습하고 미래의 경쟁력으로 삼아야 한다. 실패를 경험했을 때 실패 그 자체보다 '이 경험을 통해 내가 무엇을 배웠지?'에 초점을 맞추면 '다음에는 다르게 한번 시도해봐야겠다'는 생각으로 계속해서 도전할 수 있다. 즉, 실패를 경험으로 여기게 되면 내가 다음에 어떤 방법으로 접근해서 성공할 수 있을지 구체적으로 생각해볼 수 있다. 이런 태도는 3장에서 소개할 자기 효능감의 자양분이기도 하다. 미래에는 익숙하지 않은 과제에 과감하게 도전하고, 재빠르게 해결해서 다시 도전하는 탄력적인 태도가 더욱 중요해질 것이다.

심리 자산 키우기 훈련 ❷

우리가 실패했을 때 실패의 경험과 나 자신을 분리하는 일은 참 어렵습니다. 그러나 실패의 원인이 나의 노력과 실력이 부족해서인 경우도 있지만, 외부의 상황 때문이라거나 운이 작용하는 때도 많습니다.

1. 최근에 실패한 경험을 떠올려봅시다.

　[예시] 몇 개월 동안 열심히 승진 시험 준비를 했는데 탈락했다.

2. 실패의 원인을 살펴보고, 외부적 요인은 없었는지 적어봅시다.

● **실패의 이유:**

　[예시] 3명이 승진하기로 되어 있었는데 시험 결과 4위로 떨어졌다.

● **외부적 요소:**

　[예시] 원래 5명이 승진할 예정이었으나 회사 매출 감소로 승진 인원이 갑자기 3명으로 줄었다.

 실패의 경험과 나를 분리해서 생각하는 게 중요합니다. 분리하는 것이 어렵다면 실패의 경험을 종이에 적어 책상 앞에 붙인 후에 딱 한 걸음 떨어져서 바라보는 것도 실제로 도움이 되는 방법입니다. 실패를 객관적인 눈으로 바라볼 수 있어야 그 경험을 통해 배울 점도 찾을 수 있습니다.

SIGNATURE

3장

내가 나를 믿을 때 나타나는 잠재력
– 자기 효능감

Self-efficacy(Albert Bandura)

"너는 네가 생각하는 것보다 더 대단한 존재란다."

– 영화「LION KING」중에서

    2016년에 출간된『자존감 수업』은 우리 사회에 결핍되었던 '자존감'에 대한 화두를 던지며 대중의 큰 관심을 받았다. '지금, 당신의 자존감은 안전한가요?'라는 책의 메시지에 많은 독자가 공감하고, 또 문제의식을 느끼며 자신의 자존감을 되돌아보는 계기가 되었다. 이번 장에서는 많은 사람들이 관심을 갖고 있는 자존감의 한 축인 자기 효능감에 대해 소개하려고 한다.

    불확실한 시대에 급격히 변화하는 기술과 산업 생태계에서 자신만의 길을 개척해나간다는 건 쉬운 일이 아니다. 망망대해에 홀로 떠 있는 위태로운 조각배가 된 듯한 느낌이 들 것이다. 그럴 때 너무 막막하지만 나에게 헤쳐나갈 수 있는 능력이 있다는 믿음은 어려움을 극복하는 큰 힘이 된다. 이것이 바로 자신의 능력에 대해 신뢰하는 힘, 자기 효능감이다.

시그니처 인터뷰에 참여한 글로우 레시피의 사라 리 대표는 어릴 때부터 화장품에 관심이 많아 외국계 화장품 브랜드에 취직했다. 10년 정도 회사에서 일하면서 힘든 순간들도 있었지만 자신이 좋아하고 잘하는 분야에 대한 확신과 자기 능력에 대한 믿음이 있었다고 한다. 그렇기 때문에 힘들 때마다 스스로 자신감을 불어넣으며 위기를 넘겼다. 이런 믿음은 더 큰 도전도 가능하게 만들어, 사라 리 대표는 미국 본사에 문을 두드릴 수 있었다.

"업계의 최고들만 모이는 뉴욕 본사에서 크고 작은 성공 경험을 쌓으며 이 분야에 더욱 자신감이 생겼어요. 누구보다 미국인들에게, 그리고 세계인들에게 K-뷰티를 잘 소개할 수 있겠다는 자신감이 생겼지요. 이것이 바로 창업을 결심하게 된 계기예요."

자신의 능력에 대한 신뢰는 잠재력을 끌어내는 강력한 심리 자산이다. 그녀뿐 아니라 내가 인터뷰한 성공적인 기업 대표들은 자신을 사회가 부여하는 다양한 고정관념의 틀에 가두지 않았다. 그들은 자신의 능력을 스스로 알아차리고, 그것을 증명해 보이려고 노력한 사람들이었다.

심리 자산 중 하나인 자기 효능감은 실제 능력의 유무를 이야기하는 것이 아니다. 스스로 자신의 능력을 믿는 정도를 말한다. 예

자기 효능감을 갖고 일하는 사람의 선순환 구조

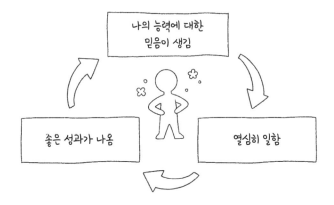

를 들어 A와 B라는 사람이 있다고 가정해보자. 둘은 비슷한 능력을 갖췄고 입사 성적과 업무 능력도 비슷하다. 그러면 자기 효능감도 비슷할까? 그렇지 않다. 자기 효능감은 실제 능력치와 다를 수 있다. A는 자신의 업무 능력이 훌륭하다고 믿는 반면 B는 자신의 업무 능력을 신뢰하지 않았다. 문제는 그 다음이다. 높은 자기 효능감을 가진 A는 자신의 능력을 믿고 더 열심히 일하게 되고, 그 결과 성과가 높아지는 선순환을 경험하게 된다. 반대로 B는 낮은 자기 효능감으로 인해 일에 점점 흥미를 잃게 되고 성과가 낮아지면서 더욱 자기 효능감이 떨어지는 악순환이 계속된다. 분명 비슷한 수준이었던 A와 B는 자기 효능감의 차이로 인해 시간이 지날수록 실질적인 업무 능력의 차이도 더욱 커진다.

직장에서 효능감을 키우는 방법

자기 효능감은 심리학자 앨버트 반두라 Albert Bandura가 소개한 개념으로, 실제 능력과 별개로 자신의 능력을 어떻게 인지하느냐가 중요하다고 강조하는 인지심리학에 뿌리를 두고 있다.[6] 자기 효능감은 진로심리학뿐 아니라 상담심리학, 사회인지심리학에서도 학업이나 업무 성과에 있어서 성공의 가장 강력한 요인으로 주목받아왔다.[7] 특히 일의 능률을 높이기 위해 자신의 업무 분야에 대한 효능감이 중요한데, 이해하기 쉽게 여기서는 '일 효능감(Domain Specific Self-efficacy라고 표현하기도 한다)'이라고 부르도록 하겠다.

그렇다면 어떻게 일 효능감을 높일 수 있을까? 다양한 방법이 있지만 반두라가 정의한 효능감의 네 가지 원천을 먼저 소개하고자 한다.[8] 현재 가장 많은 진로심리학자들이 인용하고 사용하기 때문에 여러분이 일을 할 때 효능감이 높아졌던 상황과 사례를 떠올려보면 더욱 이해가 수월할 것이다.

일 효능감을 만드는 첫 번째 원천은 이전의 성공과 실패의 경험이다. 작은 성공과 실패의 경험이 쌓여서 그 일을 익숙하고 쉽게 처리할 수 있는 '숙달 경험 Mastery Experience'을 하게 되는데, 바로 이 숙달 경험이 효능감을 만드는 재료가 된다. 앞에서 소개한 효능감의 선순환 구조를 만들기 위해서는 우선 내가 하는 분야에서 작은 성공의 경험을 계획해보는 것이 필요하다. 인터뷰에 참여한 크래프톤의 장병규 의장은 작은 성공을 위한 '몰입'의 경험이 중요하다고 이야기했다. 단기간 내에 집중적으로 하나의 직무task에만 몰입하면 숙달 경험을 할 수 있고, 결과적으로 효능감이 올라간다고 말한다.

두 번째는 간접 경험을 통한 학습과 롤모델이다. 내가 직접 해보지 않았어도 나와 비슷한 배경이나 능력을 가진 사람이 일을 능숙하게 처리하는 것을 보고 '나도 할 수 있을 것 같다'고 느껴본 적 있는가? 이때 느끼는 자신감이 바로 일 효능감의 원천이다. 특히 생소한 분야에 도전할 때일수록 그 막막한 일을 해내는 롤모델이 있다면 나도 할 수 있다는 믿음이 생긴다.

세 번째는 사회적 관계에서 나를 지지해주는 말들이다. 우리가 일의 성공과 실패를 판단할 때 주변의 해석이 영향을 미친다. 능력치가 비슷한 A와 B가 각자 프로젝트를 맡아서 열심히 하다가 장애물을 만났다고 가정해보자. 이때 팀장이 A에게는 "넌 잘할 수 있어, 조금 힘들겠지만 참고 진행해봐"라고 말하고, B에게는 "그럴 줄 알았어, 너는 이쯤에서 포기하는 게 낫겠다"라고 말했다면 어떻게 될까? A와 B는 자신의 능력에 대해 전혀 다르게 해석할 것이다.

마지막은 생리적·정서적 반응이다. 예를 들면, 중요한 미팅이나 발표를 앞두고 내가 어떤 생리적·정서적 반응을 보이느냐가 일 효능감에 영향을 준다. 손에 땀이 나면서 불안하다면 효능감이 낮아질 것이고, 반대로 발표가 기다려지고 침착성을 유지할 수 있다면 효능감이 높아질 것이다.

그렇다면 일터에서 구체적으로 일 효능감을 높일 수 있는 방법에 대해 알아보자.

첫째, 하루의 업무를 마무리 지을 때 오늘 한 일 중에 잘한 것 세 가지를 생각해보고 노트에 적어보자. 아주 사소해 보이는 것이라도 좋다. 업무를 제시간에 마무리했다면, 그것도 칭찬해주자. 제시간에 업무를 끝내는 것도 훌륭한 능력이다. 그리고 퇴근 전 3분만 투자해서 '오늘도 잘했어!'라고 스스로에게 칭찬하는 루틴을 만들어보자. 누구나 할 수 있는 일이다.

둘째, 작은 성공을 계획하자. 효능감을 높이는 데 필요한 숙달 경험을 늘리기 위해 내가 온전히 업무에 집중할 수 있는 시간과 환경을 확보하는 것이 중요하다. 이를 미리 계획하여 일을 진행하면 도움이 된다. 계획한 시간에는 하나의 업무에만 몰입해보자.

셋째, 주변을 한번 살펴보자. 당신이 하는 일에 대해 칭찬해주는 사람들이 있는가? 주변을 둘러보면 내가 못하는 부분에 집중해서 피드백을 주는 사람이 있고, 잘하는 부분에 집중해서 이야기해주는 사람이 있다. 안타깝게도 우리나라 문화권에서는 전자의 경우가 더 많다. 나의 부족한 부분을 짚어주는 사람도 필요하지만, 잘하는 부분을 알려주고 거울처럼 비춰주는 친구나 동료, 상사도 필요하다. 예를 들어, "대리님은 특히 핵심 내용을 효과적으로 잘 전달하는 것 같아요"라고 구체적으로 말해주는 사람을 곁에 두는 것이 좋다. 도저히 그런 사람을 찾을 수 없다면 첫 번째로 이야기한 자기 자신을 칭찬하는 루틴은 더욱 중요해진다. 적어도 나 자신은 나를 믿어주고 응원해줄 수 있어야 한다.

위기의 순간에 필요한 능력은 따로 있다

일 효능감 외에도 우리의 일터나 환경에서 예기치 못한 상황들이 증가함에 따라 주목받고 있는 '대처 효능감Coping Self-efficacy[9]'이라는 개념이 있다. 대처 효능감은 나에게 예상치 못한 내적 혹은 외적 문제가 생겼을 때 해결할 수 있는 능력이 있다고 스스로 신뢰하는 정도를 말한다. 대처 효능감은 내가 하는 업무 능력에 대한 확신이나 자신감과 다른 종류의 효능감이지만, 연구 결과를 통해 일 효능감과 더불어 거의 모든 분야에서 목표 달성의 가능성을 높이는 중요한 역할로 밝혀지고 있다.[10] 그뿐만 아니라, 미래 일자리나 일터에 영향을 주는 다양한 변수가 점점 증가하면서, 돌발 상황에도 일에 집중하면서 잘 대처할 수 있다는 스스로에 대한 자신감이 점점 더 중요해지는 추세이다.

블록체인 기반 환자 네트워크를 구축하는 의료 데이터 플랫폼 휴먼스케이프를 이끄는 장민후 대표는 사업 초기 법률 관련 이슈로 준비했던 서비스가 허무하게 실패로 돌아가고, 다시 도전하면서 느끼는 바가 많았다. 장민후 대표는 말한다.

"초기에 어려웠던 경험을 하고 나니, 지금은 예기치 못한 문제가 생겨도 공동 창업자들과 함께 잘 해결해나갈 수 있을 거라는 자신감이 생겼어요. 과거의 경험이 문제 해결 능력에 대한 자신감이라는 큰 자산으로 남은 것 같아요."

그는 힘들었던 순간에 문제를 회피하는 것에 집중했다면 아마 지금처럼 돌발 상황에 대처할 수 있는 자신감은 없었을 거라고 이야기한다.

대처 효능감은 이처럼 언제 어떤 일이 생길지 모를 불확실성 속에서 중요한 심리 자산의 역할을 한다. 이를 키우기 위해서는 위험하거나 어려워 보이는 상황 속에서도 이 위기를 기회로 바꿀 수 있는 측면은 없는지 관점을 바꾸는 지혜가 필요하다. 위기를 기회로 만들 수 있는 힘은 바로 이 한 끗의 관점 차이이다. 그리고 지금의 어려움을 기회로 만들기 위해 내가 당장 할 수 있는 일은 무엇인지 찾아보고, 이를 실행하면서 점점 자신감을 쌓아나가자. 예상치 못한 파도가 찾아와도 대처 효능감이라는 무기가 있으면 당황하지 않고 파도를 즐길 수 있는 능숙한 서퍼가 될 수 있을 것이다.

그들이 했다면 나도 할 수 있다는 믿음

내가 일하는 분야에 본보기가 되는 롤모델이 있으면 일 효능감을 높이는 데 큰 힘이 된다. 특히, 남들이 많이 가지 않는 새로운 분야라면 더욱 그렇다. 공대생과 엔지니어를 대상으로 한 연구들을 보면 나이도가 높은 분야나 업무일수록 자신과 비슷한 인종, 나이, 성별, 교육 배경을 가진 롤모델에 노출되었을 때 '그들이 했다면 나도 할 수 있다'라는 자신감이 더욱 강해졌다.[11]

롤모델의 효과가 강력하다는 연구 결과가 밝혀지자 다양한 교육 기관이나 기업들이 멘토링 프로그램을 운영하고 있다. 특히 공대나 엔지니어 세계의 여성들은 같은 성별의 멘토를 찾기 어렵기 때문에 미국 대학의 경우 여성엔지니어협회 Society of Women Engineers 에서 여성 멘토와 멘티를 연결해주는 활동을 하기도 한다.

창의적인 혁신이 중요한 미래의 일터에서는 '다양성'이 성공의 핵심 키워드로 떠오르고 있다. 미국의 실리콘밸리나 프랑스 등지에서는 조직원들의 다양성을 높이기 위해 롤모델을 적극적으로 활용하고 있다. 인종, 성별, 다양한 문화적 배경의 소수자 직원들에게 비슷한 문화적 배경을 가진 롤모델을 연결해주는 것이다. 문화적 소수자 직원들의 일 효능감을 높이고, 결과적으로 조직의 다양성을 높이기 위한 노력이다.

현재 내가 어떤 위치에 있든지 상관없이 앞으로 하고 싶은 일을 훌륭하게 소화하고 있는 인물을 한두 명 떠올려보자. 롤모델은 내가 직접 찾을 수도 있고 누군가에게 소개를 요청할 수도 있다. 좋은 롤모델을 찾아서 도움을 받았다면, 그 다음은 나 스스로가 롤모델이 되어 다른 사람에게 도움을 주는 것도 의미가 있다. 큰 도움이 아니더라도 아주 작은 도움부터 시작할 수 있다. 나와 비슷한 상황에서 일을 시작하는 후배에게 "내가 할 수 있었으니 너는 당연히 할 수 있지!"라고 이야기해주는 것이다. 실제로 그 길을 가고 싶은데 자신감이 부족한 친구나 후배들에게는 이 작은 말 한마디가 큰 용기가 될 수 있다.

내가 멘토의 도움을 받아 성장하고, 성장한 내가 다시 멘티에게 도움을 베푸는 선순환 구조를 만들어보자. 나눔과 연대를 통한 선순환의 과정은 '집단 효능감 Collective Efficacy'을 키워서 결과적으로 개개인의 자기 효능감뿐만 아니라 그 분야의 생태계를 확장시키는 큰 힘이 된다.

나의 가능성을 내가 제한하고 있다면

한국에 돌아와 일하면서 나는 다양한 전공의 학생들을 가르칠 기회가 있었다. 한번은 '교육심리'라는 과목을 사범대 소속 체육

학과 신입생들에게 수업한 적이 있다. 내 수업은 학생들이 많이 참여해야 하는 발표 위주의 수업인데 그런 수업 방식이 낯설었는지 몇몇 학생들이 근심스러운 표정으로 나를 찾아왔다.

"교수님, 저희는 운동부 특기생들인데요. 저희는 공부를 제대로 해본 적이 없어서 이런 발표 같은 거 못해요. 그러니까 운동부가 아닌 친구들 팀에 저희를 한 명씩 넣어주세요."

나는 발표 준비를 제대로 해본 적이 없어 자신감이 없는 학생들이 직접 해볼 수 있는 기회를 주고 싶었다.

"해보지 않아서 못한다고 생각하는 거 아닐까요? 일단 운동부 친구들끼리 관심 분야도 비슷하니 할 수 있다는 생각으로 발표 준비를 해보세요."

아무리 이야기해도 말귀를 못 알아듣는 교수 덕분에 운동부 학생들은 울며 겨자 먹기로 발표 준비를 했다. 총 아홉 팀이 발표했고, 발표가 끝난 후에는 학생 투표를 통해 우수한 팀에게 상을 주기로 했다. 그런데 운동부 친구들이 2등을 한 게 아닌가. 어리둥절하며 박수를 받은 운동부 학생들과 이야기를 나누었다. 학생들은 그동안 스스로를 '학습능력이 부족하고 운동만 할 줄 아는 사람'이라는 틀에 자신을 가둬놓은 것 같다고 말했다. 발표 준비를 하면서 '나도 할 수 있다'는 사실을 깨달은 게 이번 수업의 가장 큰 성과였단다.

이는 학생들에게만 해당되는 이야기가 아니다. 이미 학교를 졸업해서 직장생활을 하는 사람들조차 자신의 능력을 잘 모르고 나 역시도 그랬다. 나도 모르게 사회가 부여한 고정관념의 틀에 나를 집어넣고, 내가 잘할 수 있는 영역과 못할 것 같은 영역을 구분한 적이 많았다. 그러나 직접 경험해보기 전까지 우리는 스스로가 어떤 능력을 가진 사람인지 잘 모른다. 능력이 없어서 알아채지 못한 것이 아니라, 아직 확인할 기회가 부족했던 것이다. 우리는 앞으로 과거에 존재하지 않았던 새로운 일을 하면서 살아갈 가능성이 높다. 새로운 일에 대한 도전을 시작하기도 전에, 외부 환경과 제도, 나이, 성별, 교육 수준 등으로 자신의 능력을 규정짓지 말자. 나의 능력을 가장 먼저 내가 알아차리고 개발할 수 있도록 일단 스스로를 믿고 지지해주어야 한다.

심리 자산 키우기 훈련 ③

1. **현재 자신이 하고 있는 프로젝트나 일이 있다면 작은 단위로 나누어보고, 그 작은 단위의 업무를 완성하는 것에 집중해보세요.**

   [예시] 50장 분량의 보고서를 10일 안에 완성해야 하는 프로젝트가 있다. 하루에 5장씩 쓰기로 하고, 매일 5장을 잘 마무리하는 데에 집중하여 작은 성공을 경험하도록 하자.

2. **자신이 하는 일에서 본받고 싶은 롤모델이 있다면 적고 롤모델의 행동 특성을 잘 관찰해봅시다.**

   [예시] 같은 팀의 K 과장님. 매일 아침 해야 할 일의 우선순위를 정하고 일을 시작한다.

3. **주변에 자신이 하는 일을 응원해줄 수 있는 사람을 떠올려봅시다. 그리고 나에게 무슨 이야기를 해줄 것 같은지 적어보세요.**

   [예시] 전 직장의 사수였던 P 선배. 지금 힘들겠지만 성장하고 있다는 증거라고 생각하고 하던 대로 열심히 하라고 응원해줄 것 같다.

4. **내가 하는 일에 대해 스스로 어떤 마음이 드는지 한번 들여다보세요. 만약 불안한 마음이 든다면 어떤 행동이 불안한 마음을 줄일 수 있는지 한번 적어보세요.**

   [예시] 내가 맡은 프로젝트를 무사히 진행할 수 있을지 불안하다. 혼자서만 끙끙 앓지 말고 동료들에게 도움을 청해 수시로 프로젝트에 대한 피드백을 받아야겠다.

 자기 효능감도 다양한 활동을 통해 높아질 수 있습니다. 생각만 하지 말고 위에 적은 활동을 시도해보세요.

나를 성장시키는 타인의 신뢰
– 반사된 효능감

Relationship-inferred Self-efficacy;RISE(Robert Lent)

"칭찬에는 언제나 능력을 키우는 힘이 있다."

— 토머스 드라이어(Tomas Dreier), 미국 작가

나는 한국에서 석사과정까지 마친 후에 미국에 상담심리학을 공부하러 갔다. 공부라는 것이 원래 자기 능력에 대한 의심과 도전, 그리고 극복을 반복하는 것이지만 뒤늦게 모국어가 아닌 영어로 박사과정을 밟아야 하는 데다 미국인을 실제로 상담하는 훈련까지 받아야 했으니, 내 능력에 대한 의심이 들지 않을 수 없었다. 또 학생들은 출신 지역에 따라 발음과 억양은 왜 이렇게 차이가 큰지. 상담 할 때마다 온 세포를 집중해서 들어야 했다. 결국, 박사과정 2년차 때 상담 훈련을 시작하면서 자신감이 떨어져 힘들어하다 지도교수인 리사를 찾아갔다.

"제가 잘 해내지 못할 것 같아요."

깊은 한숨을 내쉬면서 리사의 얼굴을 바라봤다. 그런데 웬걸, 리사는 나의 어지러운 마음과 달리 인자한 미소를 머금고 확신에 찬 표정으로 말했다.

"상담 훈련을 제2외국어로 시작하려니 힘들겠지만, 나는 네가 지금 이 어려운 순간을 이겨내고 잘 해낼 것이라고 믿어. 네가 지금 너의 능력을 못 믿겠으면 몇십 년 동안 학생들을 뽑아온 우리 프로그램 교수들의 안목을 한번 믿어보렴."

미국 유학 생활 동안 나의 성장 과정을 지켜보고, 내가 누구보다 믿고 의지하는 리사의 확신에 찬 믿음은 강력했다. 다시 한번 나를 믿어보자고 결심했다. 그리고 내 능력에 대한 의심이 들 때마다 나를 믿어주는 리사의 얼굴을 떠올리며 다시 용기를 내곤 했다. 그 결과 나는 6년간의 박사과정을 마치고 무사히 졸업할 수 있었다.

이것이 단지 나만의 경험이 아닌 것이, 실제로 미국 대학원생들을 대상으로 한 연구에 따르면 상담 훈련을 받는 240명의 미국 대학원생들을 대상으로 조사를 해보았더니 수퍼바이저가 수련생들의 능력을 신뢰하고 그 신뢰를 수련생들이 지각하는 정도가 높을수록 실제 대학원생들의 효능감은 유의미하게 높아졌다.[12] 이뿐만 아니라 한 연구팀이 호주 대학생 516명을 대상으로 조사한 결과 학생들의 운동 능력에 대한 지도자의 신뢰가 학생들의 운동 능

력 효능감을 높이고 실제 운동 수행 능력과 성취도도 높인다는 것을 밝혀냈다.[13]

전문적이고 어렵고 새로운 일일수록, 팀 단위로 성과를 내야 하는 일일수록 자신의 능력에 대해 스스로 확신을 내리기 어려운 것이 당연하다. 미래의 일은 특히 그렇다. 누구도 가지 않은 새로운 길을 개척하려니 나 스스로도 나를 믿기 힘들 때가 많다. 이렇게 불확실성이 증가한 상황에서는 타인이 나를 믿는다는 것을 지각하는 데서 나오는 '관계에서 추론된 효능감 Relationship-inferred Self-efficacy' 은 강력한 심리적 자산이 될 수 있다. 관계에서 추론된 효능감은 '타인에게서 반사된 효능감'이라고도 부르는데 여기서는 줄여서 '반사된 효능감'이라고 부르도록 하겠다.

나에 대한 의심을 믿음으로

'반사된 효능감'은 사회인지진로 이론의 아버지라고 불리는 심리학자 로버트 렌트 Robert W. Lent가 2016년 소개한 이론이다.[14] 앞서 소개한 자기 효능감과의 차이는 무엇일까? 자기 효능감이 '자신의 능력에 대한 자신감'이라고 한다면 반사된 효능감은 '타인이 나의 능력에 대해 보이는 믿음으로 추론된 나의 능력에 대한 지각'을 뜻한다.

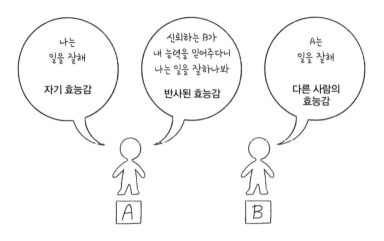

관계 속에서 추론된 효능감 모델(Lent, 2016)

여기서 주의할 것은 반사된 효능감은 일반적인 타인의 지지와는 다르다는 것이다. 일반적인 지지는 "너는 할 수 있어"라는 메시지만 전하는 것이라면 반사된 효능감은 '메시지를 받는 사람이 어떻게 이해하고 해석하는지'까지를 포함하는 개념이다. 가령 팀장이 "너는 할 수 있어"라고 얘기한다면 '나 기분 좋으라고 하는 말이구나'라고 해석할 수도 있고, 팀장에게 신뢰가 없는 경우 '아직 나에 대해 잘 모르고 하는 소리군'이라고 해석할 수도 있다. 이런 경우에는 자기 효능감에 전혀 영향을 미치지 않을 수도 있다. 재성이라는 코미디언 지망생이 있다고 해보자. 재성이는 다른 사람을 즐겁게 해주는 일을 하고 싶지만 처음 도전해보는 일이라 두렵다. 중간에 포기하고 싶은 생각이 든다. 처음 도전해보거나 복잡한 일이라면 자신의 잠재력이나 능력을 알아차리지 못하는 경우도 많다. 내가 어디까지 할 수 있는지 알지 못하는 것이다. 그러나 알지 못할 뿐이지 할 수 없는 것은 아니다. 많은 사람들이 내가 어디까지 할 수 있을지 몰라 불안해하고 두려워하면서, 자신의 한계를 정하고 그 안에 능력을 가둔다. 이때 재성이에게 필요한 것이 바로 그 분야를 먼저 경험해본 멘토들의 통찰력이다. 재성이가 멘토로 삼는 선배가 있다고 해보자. 그 선배는 재성이가 지금은 잘 드러나진 않지만, 끈기가 있고 유머 감각이 뛰어나서 성공할 것이라는 믿음을 가지고 있다. 선배의 믿음은 언어나 비언어적으로 재성이에게 전해진다. 재성이는 선배가 자신의 능력을 믿는다는 사실로 인해 스스로에게 확신을 가지게 된다.

반사된 효능감은 결과적으로 자기 효능감을 높여준다. 둘은 서로 영향을 주고받으면서 결과적으로 업무 목표 달성도를 높여주고, 일의 생산성, 성공률, 직업 만족도를 높이는 데 큰 역할을 한다. 실제로 심리학 관련 연구를 살펴보면, 비즈니스 벤처 분야에서 자기 효능감을 높이고 잠재된 능력을 발현시키는 데 타인의 신뢰가 큰 영향을 끼친다고 보고하고 있다.[15]

타인에게서 받은 신뢰도 자산이다

미래의 불확실성 때문에 자기 능력에 의문이 생기거나 심리적으로 취약해지는 때일수록 타인에게서 반사된 효능감은 더욱 강력한 힘을 뿜어낸다. 어떤 분야든 시상을 하는 자리에서 수상자들이 "저를 믿어주셔서 고맙습니다"라며 가까운 사람들에게 감사 인사를 하는 것도 그 때문이다.

성공한 사람들의 공통된 특징은 그들의 잠재력을 신뢰하는 사람들이 주변에 있었다는 점이다. 특히 창업가들은 한 치 앞을 내다보기 힘든 상황에서 새로운 길을 개척해나가야 하기 때문에 자신의 능력에 확신을 갖지 못하고 의심이 드는 순간이 오기 마련이다. 이때 자신을 잘 아는 동료나 멘토, 투자자가 "당신이 잘할 수 있다는 것을 믿고 있다"라고 이야기해줬을 때 의심과 두려움을 떨쳐버릴 수 있었다고 모두 입을 모아 말한다. 그리하여 한 단계 더 성장해 더욱 높은 자기 효능감을 가지게 되었다는 것이다.

우리나라의 초기 유니콘 기업(기업 가치가 1조 원이 넘는 비상장 스타트업) 중 하나인 '배달의민족' 창업자 김봉진 대표도 어느 인터뷰에서 스타트업계에서 일을 하다 보면 '할 수 있다'는 확신보다 '할 수 있을까' 하는 의구심에 시달리는 순간이 많다고 이야기한다. 그리고 그런 순간마다 옆에서 자신의 능력을 믿고 응원과 신뢰를 보내준 사람들이 있었다고 한다.

"다른 분보다 대표님이 가장 잘할 수 있다고 저는 믿고 있습니다. 그런 자신을 믿고 더, 더, 더 하세요"라고 이야기해준 알토스 벤처스의 한킴 대표를 비롯하여 격려와 용기를 보내준 사람들이 없었다면 여기까지 성장하지 못했을 거라 말한다.[16]

타인의 신뢰 중에서도 나의 일을 잘 알고 있는 사람의 신뢰는 더욱 강력하다. 초유 전문 스킨케어 브랜드 팜스킨의 곽태일 대표도 심층 인터뷰에서 이와 관련된 경험을 밝혔다. 그 당시만 해도 우리나라에서는 사용하지 않고 버려지던 초유를 연구하고 싶다고 했을 때 실험실 멘토 교수님이 흔쾌히 해보라고 용기를 북돋아 주었다고 한다. 이전에 같은 연구를 한 사람이 없더라도 잘할 수 있을 거라는 교수님의 격려가 그에게 큰 힘이 되었다. 실험에 실패하거나 두려움이 생길 때마다 "두려움이 사람을 바보로 만든다. 너라면 충분히 할 수 있을 거라고 생각한다"라는 교수님의 말을 떠올리며 포기하지 않았다.

의료 데이터 플랫폼 휴먼스케이프를 이끄는 장민후 대표도 이와 유사한 경험이 있다. 장민후 대표는 대학 때 각자 창업을 준비하다가 우연히 만나게 된 친구 두 명과 함께 소프트웨어 개발 업체인 휴먼스케이프를 창업해서 회사를 이끌어오고 있는데 스타트업을 성공적으로 이끄는 중요한 요인으로 창업 파트너와의 신뢰를 꼽는다. 자기의 일을 누구보다 잘 알고 있는 동료가 자신의 능력을 믿어준다는 것은 서로의 능력을 최대치로 끌어올릴 수 있는 중요한 심리 자산이 된다고 말한다.

　가까운 지인을 통해 얻은 효능감은 개인이 자기 효능감을 극대화하고, 잠재력을 발현하여 성공할 수 있도록 이끄는 위대한 힘을 가지고 있다. 그러니, 나부터 동료나 멘티의 자기 효능감을 높여줄 수 있도록 노력해보자. 그들이 새로운 일에 도전할 때, 그를 잘 아는 내가 그의 능력을 진심으로 신뢰하고, 그 신뢰를 표현하는 것이 중요하다. 타인에게서 받은 신뢰가 어떤 힘을 발휘하는지 무심코 지나쳐왔다면, 그 숨겨진 놀라운 힘에 대해 생각해보는 기회가 되길 바란다.

진정성 있게 신뢰를 주고받는 자세

　내가 지도교수 리사를 통해 경험한 반사된 효능감은 내 연구에도 많은 영감을 주었다. 오클라호마대학에 있을 때, 미국 대학교에 재학 중인 666명의 학생을 각각 미국인 학생과 외국 유학생 그룹으로 나누어 이들의 반사된 효능감이 자기 효능감과 함께 목표 달성이나 학업에 대한 결과기대, 목표 달성 정도, 학업 만족도, 삶의 만족도에 영향을 미치는 정도의 차이가 있는지 비교 연구를 했다.[17] 두 집단 모두 반사된 효능감은 목표를 달성하는 데 긍정적인 영향을 미쳤다. 그런데 흥미롭게 두 그룹 간의 유의미한 차이도 있었다. 미국인 학생에 비해 아시아를 비롯한 외국에서 온 대학생들이 멘토나 지도교수의 관계에서 높은 반사된 효능감을 경험할수록 긍정적인 결과를 기대하는 정도가 높은 것으로 밝혀졌다. 반면 미국 학생의 경우에는 멘토나 지도교수와의 관계에서 오는 효능감이 긍정적인 결과기대에 큰 영향이 없었다. 이 연구 결과는 우리에게 몇 가지 중요한 시사점을 준다.

우선 반사된 효능감이 끼치는 영향은 개인적·문화적 차이가 있을 수 있다는 점이다. 그리고 상대적으로 우리 사회나 일터에서 자신감이 낮을 수 있는 소수 문화 집단이나 사회적 약자의 위치에 있는 사람들에게는 반사된 효능감이 보다 긍정적인 효과를 가져올 수 있다.

서구 문화권과 비교하면 우리나라는 동료나 팀원의 능력에 대해 긍정적으로 표현하는 빈도가 낮은 편이다. 반사된 효능감은 타인이 자신의 능력을 어떻게 보는지 느낄 수 있을 때 힘을 발휘한다. 그러므로 동료가 하는 일에 대해 다양한 방식으로 신뢰를 표현해주는 것이 좋다. 또한, 누군가가 나에게 신뢰를 표현했을 때 '이 사람이 정말 나의 능력을 믿고 있구나' 의심 없이 받아들일 수 있는 연습도 필요하다. 상대에게 받은 신뢰를 잘 소화하는 것도 자기 효능감을 키우는 좋은 자양분이 되기 때문이다.

심리 자산 키우기 훈련 ④

1. 나를 잘 알고 있다고 생각하는 친구, 동료, 멘토, 부모님 혹은 선생님에게 나의 강점을 물어보고 중복되는 키워드 3가지를 적어보세요.

   [예시] 긍정적이다. 아이디어가 참신하다. 실행력이 빠르다.

2. 지금 하는 일에 나의 강점을 최대한 반영하는 방법은 무엇일까요?

   [예시] 현재 내가 속한 마케팅 부서에서 창의적인 아이디어와 행동력으로 실행할 수 있는 프로젝트가 무엇이 있을지 고민해본다.

3. 현재 하는 일이나 미래에 하고 싶은 일에 나의 강점을 최대한 활용하기 위해 내가 당장 할 수 있는 가장 작은 행동은 무엇인가요?

   [예시] 회사에서 다음 달에 출시하는 제품의 홍보를 위한 샘플 영상을 찍거나 SNS를 활용한 아이디어를 기획하여 제출한다.

 내가 지쳤을 때 가장 힘이 되었던 말이 있다면 떠올려보고 그 말을 스스로에게 해주세요. 자신을 너무 엄격한 잣대로 대하지 말고, 가장 친한 친구를 대하는 것처럼 지지하고 믿어주세요.

SIGNATURE

5장

결과에 대한 믿음
– 긍정결과기대

Positive Outcome Expectation(Albert Bandura)

> "미래에 잘될 거라고 생각하는 사람들이 정말 잘된다.
> 즉, 잘될 거라는 믿음이 실제 사실을 창조한다."
>
> – 윌리엄 제임스(William James), 미국 철학자

스티븐 스필버그 감독은 열두 살 때 영화감독이 되기로 마음 먹었다. 그리고 그때부터 자신이 아카데미 시상식에 참석해 상을 타고 수상 소감을 전하는 광경을 생생하게 상상했다고 한다. 그리고 실제로 1993년 「쉰들러리스트」, 1998년 「라이언 일병 구하기」로 아카데미 감독상을 수상하며 할리우드를 대표하는 거장이 되었다.

여러분은 일하면서 내가 지금 하는 일이 구체적으로 어떤 결과를 가져올지 생각하는가? 인터뷰를 통해 만난 리더들은 스티븐 스필버그 감독처럼 자신이 하는 일을 통해 기대하는 긍정적인 결

과를 머릿속에 명확히 그리고 있었다. 6개월 후, 1년 후, 3년 후 그리고 5년 후 회사의 성장이 긍정적일 것이라 믿고 있었고 이를 꽤 구체적인 수치로 밝혔다. 또 자신이 만든 기업이 어떻게 사회에 긍정적인 공헌을 할 수 있을지도 명확히 인식하고 구체적인 언어로 설명할 수 있었다.

토스의 이승건 대표는 기술 혁신을 통해 금융 서비스의 접근성과 편의성을 높이고, 결과적으로 '우리가 만드는 서비스가 세상을 바꿀 수 있다'는 구성원들의 강한 신념과 믿음이 지금의 토스를 만들었다고 이야기한다.

초유 화장품 업체 팜스킨의 곽태일 대표도 막힘없이 자신의 계획을 설명했다.

"내년에는 조금 더 공격적으로 세계 진출을 할 예정이라 경제적으로 큰 성장을 기대하고 있어요. 그리고 나서 세계적 체인인 월마트로 들어가 미국 전역에서 사람들이 손쉽게 저희 화장품을 경험하게 할 겁니다."

이처럼 리더가 스스로 긍정적인 결과에 대해 강한 믿음을 가지고 있으면 자연스럽게 그 믿음이 조직원에게도 영향을 미친다. 조직원이 긍정적인 미래를 기대할 수 있으면 목표를 달성하기 위해 더욱 적극적으로 행동할 것이고 기대했던 그 결과물은 현실이 될 가능성이 커진다.

너무 마법 같은 이야기로 들리는가? 실제로 이러한 현상을 과학적으로 설명해주는 심리학 이론이 있다. 일의 성공률과 생산성 및 만족도를 높이는 데 있어 자기 효능감과 함께 진로심리학에서 중요한 개념으로 주목받아온 '결과기대 Outcome Expectation'에 대해 살펴보자.

긍정적인 결과를 믿으면 일어나는 일

결과기대란 어떤 행동에 참여함으로써 기대할 수 있는 긍정적인 혹은 부정적인 결과에 대한 믿음을 뜻한다. 예를 들어 'A라는 프로젝트를 잘 마무리 지으면 ○○라는 긍정적인 결실을 맺을 수 있을 거야' 같은 기대를 말한다.

심리학자 반두라의 정의에 따르면 결과기대는 크게 세 가지로 나눌 수 있다.[18]

첫째는 '사회적 결과기대'로, 가족이나 지역 사회, 공동체와 같은 사회 구성원의 삶에 이익이 될 것으로 기대되는 결과다. 예를 들어, '내가 추진하는 지역 명상 프로그램을 성공시키면 우리 지역에 있는 사람들은 일터에서도 손쉽게 명상을 할 수 있게 되어 정신 건강을 유지하는 데 도움이 될 것이다'라는 확신을 갖는 것이다.

둘째는 '물질적 결과기대'로, 부의 창출을 기대하는 것이다. 예를 들어, '내가 추진하는 지역 명상 프로그램을 성공적으로 론칭하면, 우리 회사의 매출이 20퍼센트 이상 증가할 것이다'와 같은 것이다.

마지막은 '자기 평가의 결과기대'로, 자신이 하는 일의 의미와 영향력을 평가하는 것이다. 예를 들어, '지역 명상 프로그램이 성공적으로 끝나면 내가 의미 있다고 생각했던 지역 주민들의 정신 건강을 증진시키는 일이 일단락되고, 그다음 단계를 준비할 수 있을 것이다'와 같은 것이다.

실증적인 심리학 연구에서 긍정적인 결과를 기대하는 일터에서 실질적으로 좋은 결과물이 나올 것이라는 예측이 가능하다고 밝혔다. 미국의 한 연구에서는 216명의 엔지니어, 마케터 등 다양한 분야에서 일하는 직장인들의 혁신적인 행동에 영향을 미치는 요소를 밝히기 위해 조사를 진행했다. 그 결과 새로운 기술이나 일하는 방식이 긍정적인 결과로 이어진다는 믿음이 높을수록 직원들이 일터에서 혁신적인 행동을 할 경향이 높아졌다는 사실이 밝혀졌다.[19]

그뿐만 아니라 일터에서 자신이 하는 일에 대해 긍정적인 결과에 대한 믿음이 명확할수록 목표를 달성하기 위한 행동력과 실천력이 올라가는 것도 연구를 통해 입증되었다. 이 연구를 보면 긍정적인 결과기대는 실행력과 생산성을 높일 뿐 아니라 일에 대한 만족도를 높이고, 더 나아가 삶에 대한 만족도까지 높인다는 걸

알 수 있다.[20] 한국 성인들을 대상으로 진행한 연구들도 비슷한 결과들을 보고하고 있다.[21]

매일 아침 긍정적인
생각과 함께 시작하라

긍정적인 결과기대를 높이려면 어떻게 해야 할까? 심리학에는 '시각화Visualization'라는 용어가 있다. 우리 삶에서 일어날 수 있는 다양한 결과를 머릿속에 그림을 그리듯이 구체적으로 만들어보는 것이다. 아직 일어나지는 않았지만, 자신이 하는 일의 성과나 결과를 미리 생생하게 떠올리면서 믿음을 강화하면 현실에서 긍정적인 결과를 만들어낼 수 있다.[22] 실제로 운동선수들은 시각화를 활용한 훈련을 많이 한다. 실제 시합의 상황을 머릿속으로 시뮬레이션해보는 것이다. 세계육상선수권대회 금메달리스트인 일본의 아사리 준코 선수도 경기 7개월 전부터 출전하는 마라톤 대회의 코스를 달리고 있는 모습을 구체적으로 머릿속에 그리면서 긍정적 결과, 우승에 대한 믿음을 강화했다고 한다.

하지만 안타깝게도 하루하루 바쁘게 살다 보면 미래에 대한 긍정적인 결과는커녕 오늘 당장 할 일에만 매몰되기 쉽다. 긍정적인 결과기대를 시각화하기 위해서는 우선 내 일을 미래지향적인 관점에서 바라보는 연습이 필요하다. 다시 말해, 현재 내가 하는 일과 관련된 세 가지 결과기대(사회적 결과기대, 물질적 결과기대, 자기 평가적 결과기대)가 각각 무엇인지 생각해보는 습관을 들이는 것이다.

이런 습관을 키우기 위한 가장 좋은 방법은 하루 중에 일정한 시간을 정해놓는 것이다. 그 시간에는 내가 하는 일이 가져올 긍정적인 결과를 구체적으로 생각해본다. 이때 결과는 구체적이면 구체적일수록 효과가 좋다. 사람마다 선호하는 시간은 다를 수 있겠지만 인터뷰 참여한 리더들의 말을 종합해보면 아침에 눈을 뜨자마자 침대에서 나오기 전에 생각해보는 것이 효과가 좋다고 한다.

아침에 눈을 뜨면 가만히 누워서 약 3~5분간 내가 현재 하는 일이 미래에 어떤 긍정적인 결과를 가져올 수 있을지 떠올리고, 그 결과에 대한 믿음을 강화하는 시간을 갖는다. 그러면 즐거운 마음으로 하루를 시작하는 동기부여가 될 것이다. 할 엘로드^{Hal Elrod}의 저서 『미라클 모닝』에 적혀 있듯이 아침에는 7~8시간 휴식을 취하고 일어난 직후라 에너지가 모여 있는 상태다. 그 좋은 에너지를 잘 모아서 내가 하는 일과 미래의 결과물을 명확하게 연결해보는 연습을 하자. 당신의 기대를 현실화할 수 있는 효과적이면서 가장 손쉬운 방법이다. 이 연습이 반복되면 우리의 무의식이 믿음을 강화하고 결과적으로 강화된 믿음은 실제 목표를 달성

하기 위한 행동으로 이어져 우리가 원하는 결과를 얻을 수 있도록
안내할 것이다.

구체적으로 기대할 때 결과가 나타난다

연초나 새학기가 되면 지금까지는 못 했지만 반드시 올해는 해
보리라는 결심을 품고 버킷리스트를 작성한다. 『시크릿』이라는
책을 본 사람이라면 이 버킷리스트와 유사한 '비전보드'에 대해
서도 들어봤을 것이다. 비전보드는 내가 삶에서 이루고 싶은 것의
이미지를 큰 종이에 붙여 한눈에 볼 수 있게 만든 것이다. 요즘은
다이어리나 달력에도 비전보드와 유사하게 여행 가고 싶은 곳, 먹
고 싶은 것, 사고 싶은 것, 이루고 싶은 것을 사진이나 글로 표현하
는 공간이 있기도 하다. 그런데 비전보드를 만드는 것보다 더 중
요한 것이 있다. 바로 구체적인 행동을 이끌 '액션보드'를 만드는
것이다. 아무리 멋진 결과를 그린다 하더라도 구체적인 행동 없이
는 아무 일도 일어나지 않기 때문이다.

결과기대는 '내가 A라는 행동을 한다면 B라는 결과를 기대할
수 있을 것'이라는 믿음이 포함된 개념으로 자기 효능감과 연결
되어 있다. 그리고 여기에서 '내가 A라는 행동을 한다면'의 A가
바로 구체적인 액션이다. 내가 원하는 결과를 얻기 위해 무엇을

해야 하는지 행동 계획을 써보는 것이다. 액션은 구체적이고 명확해야 한다. 이번 주에 해야 하는 것, 이번 달에 해야 하는 것들을 액션보드에 쓰거나 그려서 한눈에 볼 수 있도록 해보자.

주의할 점은 액션보드에 적은 내용은 내가 얻으려는 결과와 그 맥락이 일치해야 한다는 점이다. 긍정적인 결과물로 A, B, C를 기대한다면 그 결과기대를 얻기 위한 액션을 각각 생각해보아야 한다. 실제로 우리가 하는 행동을 자세히 살펴보면 A라는 결과물을 얻고 싶다고 하면서도 현실에서는 A와 전혀 상관없거나 상충하는 행동을 할 때가 많다. 새해가 되었으니 체력을 키우기 위해 체지방을 줄이고 근력을 높여야 한다고 하면서 실제로는 숨쉬기 운동만 하고 과자를 먹으며 텔레비전만 보는 것이 여기에 해당한다. 혹은 컴퓨터 자격증을 취득하여 IT 회사로 이직하길 원하면서 실질적으로 자격증 취득과 관련 없는 공부만 계속하는 것도 같은 맥락의 행동이다. 이럴 때는 액션보드를 눈에 띄는 곳에 두고 결과기대를 계속 상기시키며 나의 행동과 연결시키는 것도 좋은 방법이 될 수 있다.

1. 가까운 미래에 이루고 싶거나 얻고 싶은 긍정적인 결과가 있나요? 가능한 한 구체적으로 적어보세요.

[예시] 가까운 미래에 사람들의 불안을 낮춰주고 정신 건강을 높여주는 역할을 하고 싶다.

2. 위에 적은 긍정적인 결과를 이루기 위한 구체적인 목표를 세워보세요.

[예시] 전문 상담심리사 자격증을 취득한다.

3. 2번의 목표를 달성하기 위해 앞으로 2주 동안 할 수 있는 액션플랜을 적은 후 잘 보이는 곳에 놓고 실천해보세요.

[예시] 첫째, 전문 상담심리사 자격증 취득을 위한 정보를 탐색한다. 한국상담심리학회 혹은 한국상담학회 등 공신력 있는 기관의 홈페이지에 들어가서 지원 자격 요건을 확인한다.
둘째, 실제 상담 훈련을 받는 선배들을 찾아가서 준비 과정에 대한 조언을 듣는다.

 하루의 일과를 돌아보며 내가 계획한 목표와 실제로 진행한 일이 얼마나 일치하는지 생각해보세요. 의외로 목표와 실제로 내가 행하고 있는 일이 일치하지 않는 경우가 많습니다. 표나 엑셀 등을 활용하여 계획한 일과 실제로 행한 일을 비교해보세요. 그리고 이 두 가지 일 사이의 일치율을 점점 높여나간다면 여러분이 적은 긍정적인 결과를 곧 현실에서 경험하게 될 겁니다.

SIGNATURE

6장

포기하지 않고 끝까지 해내는 열정
– 그릿

Grit(Angela Duckworth)

"그릿은 상대적으로 미래가 예측 가능했던 과거보다
불확실성이 높아진 미래에 더 빛나는 심리 자산이 될 것이다."

– 앤절라 더크워스(Angela Lee Duckworth)의 「GRIT」 중에서

심리학에 관심 있는 사람들이라면 우리나라에도 소개되어 큰
인기를 끌었던 '그릿 Grit'이라는 개념을 들어봤을 것이다. 그릿이
란 성공을 이끄는 데 결정적 역할을 하는 끈기와 열정을 말한다.
실제로 그릿은 성공하는 사람들의 공통적인 심리 요인으로 많이
밝혀지고 있다. 그릿은 학업 성취도를 예측할 수 있는 유의미한
변인이며, 성인을 대상으로 한 연구에서도 일의 긍정적인 결과에
영향을 미치는 심리 변인으로 밝혀졌다.[23]

하지만 여기서는 '포기하지 않는 힘'이 단순히 성공에 중요한
요소라는 이야기를 하려는 게 아니다. 그릿은 불확실한 미래에 특

히 경쟁력이 되는 중요한 심리 자산이라는 이야기를 하고자 한다. 미래는 어떻게 펼쳐질지 예측이 어렵다. 부모님도, 학교 선생님들도 '이 분야를 공부하면 좋은 직업을 가질 수 있을 거야'라고 확신하기 어렵다. 부모 세대가 취업을 하던 시기만 해도 사회의 변화 속도가 지금처럼 빠르지 않아서 대학과 전공에 따라 어디에 취직하고, 어떤 일을 할 수 있을지 어느 정도 예측이 가능했다. 하지만 지금은 상황이 다르다. 예전에 잘나가던 직업도 사라질 위기에 처해 있고, 몇 달 사이에 신종 직업군이 생겨나기도 한다. 신입 사원을 뽑는 비율이 점점 줄면서 많은 대학생들이 스타트업에 관심을 보이기도 하고, 직장은 있지만 일의 미래가 불안한 30~40대들은 창업 혹은 창직創職을 고민한다.

우리가 만날 일의 미래는 기존에 없던 혁신적인 서비스와 기술을 만드는 일이 점점 더 큰 비중을 차지하게 될 텐데, 이런 특성 자체가 개인에게는 도전적이고 힘든 일일 수 있다. '혁신'이라는 단어는 매력적이지만 그 이면에는 도전과 절망, 갈등, 분쟁 등이 함께 따라오기 때문이다.

불확실한 시대에 더 빛나는 그릿

인터뷰에 참여했던 스타트업 대표들은 창업을 하는 과정에서 수없이 많은 거절과 맞닥뜨렸다고 말했다. 또 내적으로나 외적으로 '그게 될까? 안 될 것 같은데?'라는 부정적인 메시지와 끊임없이 싸워야 했다고 말한다.

온라인 패션 플랫폼의 선두주자 스타일쉐어의 윤자영 대표는 공대 출신이었지만 패션에 관심이 많았다. 길거리를 가다 세련된 옷을 입은 여자들을 보면 '저 옷은 어느 브랜드일까, 어디서 살 수 있을까, 가격은 얼마일까'를 한 번쯤 생각해보게 된다. 그녀도 그랬다. 그래서 이런 정보를 사람들끼리 주고받으면 어떨까 하는 생각에 창업을 하게 되었다. 하지만 처음에 주변 사람들의 반응은 썩 좋지 않았다. 그녀가 사업 아이디어를 이야기했을 때 친한 친구나 선배들을 포함해서 사람들에게 가장 많이 들었던 말이 "그거 되겠어? 안 될 것 같은데?"였다고 한다.

일터에서 활용할 수 있는 증강 현실 서비스를 만들고 실현해가는 스페이셜 Spatial의 이진하 대표도 사정은 비슷했다.

"증강 현실 서비스를 이야기했을 때 믿어주는 사람이 정말 없었어요. 하지만 결국 끝까지 아이디어를 포기하지 않고 열심히 믿고, 사랑하고, 실현하려고 노력하는 과정에서 혁신적인 기술 서비스가 탄생할 수 있어요."

핀테크 서비스 업체인 토스의 사례도 마찬가지였다. 우리나라는 첨단 기술을 기반으로 한 금융 서비스인 핀테크와 관련한 법 규제가 강한 편이라 토스에서 간편 송금 서비스를 가능하게 하기 위한 정부 기관, 은행 등과의 수많은 미팅에서 좌절을 겪어야 했다. 토스 앱을 개발하고 서비스를 시작한 지 2개월 만에 법 규제에 묶여 1년 넘게 서비스 출시가 중단된 적도 있다고 한다. 하지만 현재 우리는 편리하게 토스의 금융 서비스를 사용하고 있다. 토스 대표와 팀은 그 험난한 과정에서도 이 서비스에 대한 아이디어를 포기하지 않았고, 인내와 끈기를 가지고 지속적인 시도 끝에 비로소 서비스를 선보일 수 있었다. 인터넷은행 설립을 위한 인가 역시 처음에는 승인이 나지 않았지만 두 번째 시도 끝에 성공하여 금융 서비스의 새로운 역사를 만들어가고 있다.

이들의 공통점은 주변의 의심에도 흔들리지 않았다는 것이다. 반복된 실패와 좌절에도 굴하지 않고 끈질기게 자신의 아이디어와 가능성을 믿고 도전했다. 포기하지 않고 끝까지 밀고 나가려면 열정이 필요하다. 그리고 이 열정이 어디를 향하는지 관찰할 필요가 있다. 나의 열정의 근원이 정말 사회에 필요한 유익한 기술과 서비스를 만드는 일을 향하고 있다는 판단이 서면 끝까지 열정을 가지고 포기하지 않고 가야 한다. 그릿은 결국 나의 성장과 함께 우리가 속한 사회의 발전을 가져올 것이다. 확실성이 강한 시대보다 불확실한 시대에 더 빛나는 자산이 바로 그릿이다.

열정을 확인하며 앞으로 나아가라

불확실한 시대에 그릿을 키우며 일하는 방법은 무엇일까? 일단 내가 열정을 쏟을 수 있는 분야의 일을 찾는 것이 무엇보다 중요하다. 앞서 소개한 스타일쉐어의 윤자영 대표도 창업을 하려면 그 누구보다 애정을 갖고 잘할 수 있는 아이템을 선택해야 한다고 말한다. 어떤 특정 문제를 해결하고 싶다거나 더 나은 무언가를 만들고 싶다는 자신만의 이야기가 있어야 한다.

열정은 일에 몰입과 끈기를 부여하지만, 또 이 열정으로 인해 일을 진행하는 과정에서 수많은 좌절과 실패를 만나게 될 수밖에 없다. 계속된 좌절로 불안해 포기하고 싶을 때는 아래 네 가지 지침을 기억해보자.

1. 긍정적인 자기 대화를 하자.

이는 실제 인지행동 치료에서 '긍정적인 자기 대화'라고도 한다. 이 방법은 실제로 불안을 낮춰주는 효과가 있고, 어려운 상황을 만났을 때 극복할 수 있는 끈기를 높여준다. 그러므로 스스로 긍정적인 말을 해주거나 직접 써서 잘 보이는 곳에 붙여두는 것이 도움이 된다.

2. 옆에 든든한 지원군을 두자.

포기하고 싶은 순간 연락해서 힘을 얻을 수 있는 지원군이 누구인지 생각해보자. '지원군 지도'를 작성해보는 것도 도움이 될 수 있다. 나 역시 학교에서 일하면서 틈틈이 주말이나 저녁 시간을 이용해 책을 집필해야 했기 때문에 중간에 포기하고 싶은 순간이 많았다. 그럴 때마다 가까운 가족과 친구들을 비롯해 지인들, 출판사 분들에게도 응원과 지지를 요청했으며 그것은 큰 힘이 되었다. 지원군을 가까이 두고 힘들 때 심리적 도움을 요청해보자.

3. 단기적인 계획에 집중하자.

일이 힘들어 그만두고 싶다는 생각이 들면 오히려 단기적인 목표를 설정하는 것도 좋은 방법이다. 예를 들어, '3개월만 일단 해보고 다시 결정하자'고 생각하는 것이다. 계단을 오를 때 너무 높아 중간에 포기하고 싶을 때 내 앞에 있는 계단 하나하나에 집중하며 걷다 보면 끝까지 올라갈 수 있는 것과 같은 이치다.

4. 초심을 적어보자.

정말이지 모든 걸 포기하고 싶은 때가 있다. 그럴 때는 내가 이 일을 왜 하려고 했는지, 이 일을 통해 추구하려는 본질적인 가치가 무엇이었는지 적어보자. 내가 추구하는 가치와 방향에 맞게 제대로 가고 있다면 잠시 쉬더라도, 멈추지는 말자.

직장에서 그릿으로 성장하는 방법

열정적 끈기를 의미하는 그릿은 창업가들의 사례뿐만 아니라 직장에서도 업무 성과에 긍정적인 역할을 하는 중요한 요소로 알려져 있다. 실제 한국의 직장인을 대상으로 한 연구를 살펴보면 그릿이 높은 사람들은 개인적인 업무 성과가 높다고 보고되었고, 해외 사례에서도 그릿이 높은 사람들이 낮은 사람들보다 일을 더 잘하고 만족스럽게 일한다는 연구 결과가 보고되면서 주목을 받고 있다.[24]

최근 우리나라에서 일터에서의 그릿을 '워크 그릿 Work Grit'이라는 개념으로 확장하여 인사 분야에 활용할 수 있을지 탐색한 연구도 발표되었다.[25] 심리학에서는 그릿의 주요한 하위 요소로 열정과 인내를 꼽는데 일터에서의 그릿은 조금 더 이를 확장해서 목표 추구 지속성, 노력에 대한 인내, 긍정적 성장 믿음, 마지막으로 자기 조절이라는 네 가지 하위 요소로 확장하였다.

이런 관점에서 볼 때 일터에서 그릿을 성장 동력으로 활용하는 방법은 개인의 목표와 조직의 목표 사이의 연결점을 찾는 것이다. 개인 목표와 조직 목표의 교집합을 파악하고 교집합의 범위를 확대해나가야 한다. 개인의 목표는 A인데 조직의 목표는 이와는 무관한 G라고 한다면 개인이 조직의 목표를 지속적으로 추구하기는 매우 어렵다. 또한 자신의 업무 목표를 달성했을지라도 조직의 목표와 연결되지 않으면 자신이 성장하고 있다는 믿음을 가지기 어렵다. 개인과 조직의 목표가 일치할수록, 공동의 목표 달성을 위해 자기 자신을 통제하고 관리하는 역량도 높아질 수 있다.

미래의 강력한 심리 자산인 그릿으로 일터에서 성장하기 위해서 개인은 조직에서 무엇을 배울 수 있는지 파악하는 것이 중요하다. 그리고 나의 성장 목표와 조직의 성장 목표가 어느 부분에서 일치하고, 또 어느 부분에서 일치하지 않는지 알아봐야 한다. 일치하지 않는 부분은 어떻게 하면 일치시킬 수 있을지 탐색해보자. 필요하다면 팀장이나 동료들에게 도움을 요청할 수도 있다.

대학 졸업 후에 바로 스타트업을 시작한 대표들이 공통적으로 하는 말이 있다. 졸업 후 직장 경험을 좀 해보고 나왔더라면 훨씬 좋았을 거라는 이야기다. 어떤 조직이든 그 안에서 배울 점이 있다. 나의 일터가 조직이든 내가 창업한 회사든 그릿을 가지고 성장하려면 그 일터에서 핵심적으로 무엇을 배울 수 있을지 명확히 하고, 나의 목표와 조직의 목표를 연계할 수 있는 구체적인 지도를 그려보자. 그리고 어떻게 업무에 적용할 수 있을지 그 연결점을 찾아 깃발을 꽂아보자.

심리 자산 키우기 훈련 ⑥

1. 일터에서 내가 개인적으로 이루고 싶은 목표와 조직의 목표를 적어보세요.

● **나의 목표 :**
[예시] 올해는 내가 직접 기획한 프로젝트를 실제로 진행해보고 이를 통해 기획력과 실행력을 기르고 싶다.

● **조직의 목표 :**
[예시] 회사의 오래된 재고 상품을 올해 안에 모두 판매한다.

2. 개인과 조직의 목표는 어느 정도 일치율을 보이는지 적어보세요.

100퍼센트 중 _____ 퍼센트

3. 2번의 일치율을 높일 수 있도록 내가 현재 실천할 수 있는 활동 두 가지를 적어보세요.
[예시] 기업의 이미지를 높이면서 회사의 재고도 소진할 수 있는 이벤트를 직접 기획하고 진행하여 나의 목표와 조직의 목표를 동시에 달성한다.

 끝날 때까지 끝난 게 아니라는 야구 선수 요기 베라의 말처럼 내가 하는 일에 애정을 갖고 포기하지 않기를 바랍니다.

SIGNATURE

7장

내가 하는 일의 선한 영향력 – 의미 있는 일

Meaningful Work(Michael Steger&Bryan Dik)

> **"우리는 물질적인 취득을 위해서만 일하는 것이 아니다."**
>
> – 엘버트 허바드(Elbert Hubbard), 미국 저술가

직업을 선택할 때 가장 중요한 기준 중 하나는 '연봉'일 것이다. 그러나 연봉만으로 설명할 수 없는 이유로 직업을 선택하거나 이직하는 사람들이 많다. 대기업에 다니다가 어느 날 갑자기 퇴사하고 여행 작가가 되는 사람도 있고, 상대적으로 연봉이 적더라도 내가 원하는 일을 할 수 있는 작은 규모의 회사로 이동하는 사람도 있다.

산업화 시대에 일하는 사람을 바라보는 시각에는 '사람은 경제적 이익만을 위해 일할 뿐 보상이 주어지지 않으면 일을 하지 않는다'는 전제가 깔려 있다. 그래서 사람들의 행동을 통제하고 감

시하여 열심히 일하게 하려면 인센티브를 지급하는 등 경제적 보상을 통해 동기부여를 해야 한다고 생각했다. 1부에서 다룬 '주인과 대리인 이론'이 회사의 이익을 극대화하기 위해 성과 체제를 통해 처벌과 보상을 사용하는 원리와 비슷하다.

산업화 시대는 개인이 일에서 의미를 찾기 힘든 구조였기 때문에 보상과 처벌에 따라 동기부여 되었을 가능성이 크다. 하지만 심리학의 관점에서 인간은 기본적으로 의미 있는 일을 하며 성장하려는 본성을 갖고 있다. 넷플릭스의 팀원들과 함께 수직 성장을 이끈 전 제품혁신 부문 부사장 톰 윌러러Tom Willerer도 여러 사람과 회사를 이끈 경험을 바탕으로, 내가 하는 일이 의미 있고 가치 있다고 믿을 때 사람들은 자발적으로 최대한의 능력치를 발휘하며 움직인다고 말한다.[26]

실제로도 사람들은 직장에서 의미 있는 일을 하고 싶어 한다. 내가 하는 일이 나와 가족 그리고 주변 사람들에게 도움이 되기를 소망한다. 그것이 당장의 이익과 같은 목표에 가려 보이지 않을 뿐이다. 과거에는 억눌려있어 인지하지 못했던 이 본성이 탈산업화의 흐름과 함께 수면 위로 드러나고 있다.

1부에서 다루었듯이 다가오는 AI 시대의 일은 인간다움의 회귀, 자기다움을 향하고 있다. 내가 추구하고 싶은 자기다움은 무엇인지, 자기다움의 의미는 무엇인지 내면의 진정한 욕구를 들여다볼 시점이다.

역동적인 힘을 만들어내는 비전의 힘

초기 스타트업에 활발한 투자와 조력자의 역할을 하고 있는 매쉬업엔젤스의 이택경 대표는 투자할 팀을 결정할 때 '이 팀이 어떤 비전을 추구하는지'를 본다고 말했다.

"너무 경제적인 이익, 즉 돈만 좇는 팀은 그렇게 좋아하지 않아요. 교과서적인 관점에서 사회적 이익에 집중해야 한다는 얘기를 하는 게 아니라 실제로 경험해보면 그런 팀이 빨리 포기해요. 팀원들 사이에 돈 외에 다른 동기부여라든지, 이 문제를 꼭 해결해야겠다는 게 있으면 그 끈을 잡고서 힘든 일도 똘똘 뭉쳐서 잘 넘겨요. 반면 돈이 비전인 팀은 힘들면 절망하고 나가떨어지기 쉽죠."

이 대표 역시 창업에 성공할 수 있었던 힘은 결국 그런 비전이었다고 한다. 다음 Daum 이 초기에는 서비스로 돈은 못 벌었지만 내가 만든 서비스를 누군가 열심히 사용한다는 것을 생각하면 배가 부른 느낌이 들었다는 것이다. 지금 당장 돈이 안 돼도 자신이 세운 가설이 검증됐다는 것에 뿌듯함을 느꼈다고 한다.

휴먼스케이프의 장민후 대표도 어려운 고비를 넘길 수 있는 힘에 대해 이렇게 말한다.

"스타트업을 시작해서 성장시키다 보면 순간순간 너무 힘들어서 포기하고 싶을 때가 많아요. 저의 경험으로 창업가의 일이 100

이라고 봤을 때 90은 하고 싶지 않은 일이고, 10 정도만 하고 싶은 일인 경우가 많아요. 그런데 그 90의 하기 싫은 일을 끝까지 하도록 하는 동력은 돈이 아니라, 정말 내가 하는 일이 괜찮은 일, 많은 사람에게 도움이 되는 의미 있는 일이라는 그 뿌듯함이에요. 이 뿌듯함이 90의 하고 싶지 않은 일을 열심히 할 수 있게 만들어주는 것 같아요. 단지 부자가 되고 싶다거나 돈만 바라봐서는 지속 가능한 혁신을 이뤄내거나 어려운 시기를 넘길 수 있는 역동적인 힘이 나오기 힘들어요."

기존에 존재하지 않았던 새로운 사업을 만들어가고 있는 인터뷰 참가자들은 회사의 이윤보다 한 단계 더 높은 목표를 가지고 있었다는 점이 공통적이었다. 물론 모두가 처음부터 높은 가치나 목표로 시작하지는 않았을 수도 있다. 단지 부자가 되고 싶다는 청년 시절의 바람으로 시작했을 수도 있다. 그러나 초기 스타트업이 기술 개발에 성공했더라도, 사업화 단계까지의 어려운 시기를 말하는 죽음의 계곡Death Valley을 넘어서 5년, 혹은 그 이상 지속적인 성장을 하려면 금전적 자산과 이익을 뛰어넘는 의미지향적 목표가 필수적이다.

숲을 보며 일해야 하는 이유

그렇다면 어떻게 보다 의미지향적인 목표를 추구하면서 일할 수 있을까?

첫째, 내가 하는 일의 큰 그림을 이해하는 것이 시작점이 될 수 있다. 하루하루 업무에 쫓겨서 내가 하는 일을 전체적인 그림으로 그리지 못하는 경우가 많다. 그렇지만 내가 하는 일이 궁극적으로 어디를 향하는지 질문을 던지면서 일할 필요가 있다. 결국 질문의 답은 소비자나 고객인 경우가 많기 때문에 내가 하는 일이 소비자나 고객에게 어떤 영향을 주는지 생각하면서 일하는 태도가 중요하다.

둘째, 큰 그림을 이해했다면 조금 더 나은 세상을 만드는 데 기여하는 부분이 무엇인지 나의 역할을 적는 '영향력 노트 Impact note'를 적어볼 수 있다. 영향력 노트를 쓰는 행위는 실제로 2012년 미국에서 구조 요원과 소방관들을 대상으로 한 연구에서 그들의 에너지를 높이고 긍정적인 변화를 끌어냈다고 그 효과가 입증되었다.[27] 영향력 노트를 만들어 일주일에 한 번, 10분 정도 시간을 내서 내가 사회에 기여하고 있는 것이 무엇인지 정기적으로 적어보도록 하자.

셋째, 한 달에 한 번은 동료들과 함께 '우리가 하는 일이 어떤 사회적인 영향을 끼치고 있는지'에 대해 30분 정도 이야기를 나

뭐보자. 회사에서는 각자 업무가 바빠 자기 앞에 놓인 퍼즐 조각만 바라보며 해결하려고 애쓰는 경우가 많다. 이때 여럿이 모여 우리가 끼워 맞출 퍼즐의 큰 그림을 그려보는 것이다. 퍼즐 그림을 다양한 시각에서 바라보고 재평가하면서 공동의 목표를 향해 제대로 가고 있는지 점검하는 시간을 가지는 것도 중요하다.

이와 관련하여 『포지티브 혁명』에 소개된 피터 드러커의 일화가 있다. 피터 드러커가 자신이 컨설팅했던 투자회사의 CEO인 M 대표에게 물었다.

"이 조직의 목표가 무엇입니까?"

"투자 회사니까 이익을 창출하는 게 가장 큰 목표이지요."

다시 피터 드러커가 물었다.

"그보다 더 높은 상위목표는 무엇입니까?"

M 대표가 답을 못하자 피터 드러커는 다시 몰아치듯 같은 질문을 했고, 대표가 의아한 표정을 지으며 답했다.

"아니 투자 회사가 이익을 창출하는 것 말고 더 높은 상위목표가 무엇이 있어요?"

피터 드러커는 포기하지 않고, 계속 대표에게 회사의 이익 창출을 넘어 더 근본적인 목표에 대해 질문을 던졌다. 결국 대표는 회사가 추구하는 상위목표에 대한 고민을 하기 시작했고, '고객들에게 세금과 투자에 대한 필요한 조언을 주어 고객들의 욕구를 충족해주고, 사랑하는 가족을 돌볼 수 있게 하여 행복한 삶을 영위

할 수 있도록 도와주는 일'이라는 목표를 설정했다. 이 상위목표에 따라 움직이자, 이익 창출을 목표로 인식했을 때와 전혀 다른 아이디어의 상품과 서비스가 출시되기 시작했다. 그리고 이 회사는 오늘날 미국에서 인정받는 투자 회사로 성장했다고 한다.

내가 굳건히 의미 있다고 믿는 가치, 그 가치를 이루기 위한 근본적인 질문과 맞닿아 있는 상위목표는 수많은 어려움을 극복하게 하고 지속가능한 혁신과 눈부신 성장을 가능하게 하는 원동력이 된다.

소명을 가지는 것 vs 소명으로 살아가는 것

1부에서 설명한 '일을 보는 세 가지 관점' 중에 일을 소명으로 바라보는 관점이 있었다. 소명에 대한 최신 연구를 살펴보면 일에 대해 소명을 가지고 있는 것과 실제로 소명을 품고 사는 것은 다른 개념이다. 미국에서 일할 때 알게 된 라이언 더피 Ryan Duffy 교수는 소명에 관한 연구를 활발히 하고 있는 심리학자다. 2019년 '행복한 일터를 만들어볼까?'라는 주제로 학술대회를 주최하면서 라이언 박사를 한국에 초청했다. 일터의 행복을 높이는 법에 관해 토론하면서 그는 소명을 가지고 있는 것과 소명으로 살아가는 것의 차이를 설명했다.

그의 비유에 따르면, 소명을 가지고 있는 것은 좋은 차를 주차장에 넣어두는 것이고 소명으로 살아가는 것은 좋은 차를 실제로 운전하며 이곳저곳 다니는 것이다. 그는 한국 사람들은 미국 사람들에 비해 소명을 가지고 일하는 비율은 높은데 소명으로 살고 있는 비율은 낮다고 말하면서 좋은 차를 주차장에 모셔놓지만 말고 운전을 좀 하시라고 이야기해서 한번 크게 웃었던 기억이 난다.

　소명을 가지고 있다고 말하기는 쉽다. 하지만 그것을 현실로 옮기는 것은 어렵다. 당신은 어느 쪽인가? 의미 있는 목표를 가지고 있지만 가슴속에만 고이 모셔놓고 있지는 않은가? 상위목표를 우리 삶에 반영하여 소명으로 살기 위해서는 다음의 세 단계가 필요하다.

※소명으로 살기 위한 세 가지 단계

1. 자신의 일을 통해 추구하고 싶은 개인 목표를 생각해본다.

2. 개인의 목표와 사회적 이익이 교차될 수 있는 교집합 영역을 찾아본다.

3. 교집합 영역이 자신이 현재 하고 있는 일의 영역에서 어떻게 실행될 수 있을지 구체적으로 적어보자.

여러분이 하고 있는 일을 통해서 소명을 실현할 수 있으면 가장 좋겠지만, 꼭 그럴 필요는 없다. 100퍼센트 소명과 부합하는 일을 한다는 것은 비현실적인 이야기이며 미래의 일은 단순히 경제 활동과 연관되는 일을 넘어 다양한 활동으로 그 범위가 확장되고 있다. 따라서 자신이 하는 일의 작은 부분을 통해, 혹은 봉사 활동이나 취미 활동을 통해 자신에게 의미 있는 목표대로 살아보는 경험이 중요하다. 그 작지만 의미 있는 경험은 당신이 차고에서 좋은 차를 꺼내 신나게 운전하면서 점점 더 의미 있는 큰 목표를 향하도록 안내할 것이다.

심리 자산 키우기 훈련 ❼

1. 당신이 현재 하는 일을 적어보세요.

   [예시] 학생들의 코딩 교육 교재를 만든다.

2. 현재 하는 일은 최종적으로 누구를 위한 일인가요? 그 최종 대상을 적어보세요.

   [예시] 초등학생 전 학년

3. 당신이 하는 일이 궁극적으로는 그 대상에게 어떤 혜택을 주는지 적어보세요.

   [예시] 기술 중심의 코딩 교육 교재가 아니라 스스로 문제를 해결하고 사고할 수 있는 교재를 만들어 학생들의 문제 해결 능력과 창의력을 높인다.

4. 위의 답을 종합해볼 때 당신이 일을 통해 궁극적으로 추구하고자 하는 상위목표는 무엇인가요?

   [예시] 학생들이 디지털 시대에 필요한 소양을 갖추고 미래형 인재로 자라나 궁극적으로 한국의 국가 경쟁력을 높이는 데 기여한다.

 우리가 하는 일은 사실 보이지 않는 의미의 사슬로 연결되어 있습니다. 그 의미의 사슬은 일에 대한 근본적인 질문을 던지는 과정을 통해 강화되고 단단해질 수 있다는 사실을 기억하세요.

식물을 잘 키우려면 식물 자체가 건강한 종자인 것도 중요하지만 적당한 물과 햇빛, 토양, 공기와 같이 식물이 잘 자랄 수 있는 환경을 제공하는 것도 중요하다. 식물이 살기에 적합한 환경이 아니면 금방 시들거나 죽는 경우가 많다. 하물며 식물도 그러한데 사람은 어떻겠는가. 사람은 환경에 더 큰 영향을 받는다. 나의 시그니처를 발견하기 위한 심리 자산을 잘 배양하려면 스스로의 노력만큼이나 주변 환경이 중요하다.

시그니처 프로젝트를 진행하면서 발견한 사실이 있다. 심리 자산을 효과적으로 키우려면 기본적으로 이를 위한 환경과 맥락이 조성되어야 한다는 것이다. 3부에서는 일을 통해 자기다움을 실현할 수 있도록 돕는 일터와 환경에 대해 알아보려고 한다. 리더와 구성원들이 일터에서 시그니처를 꽃피우기 위해 각자 어떤 역할을 할 수 있을지 함께 살펴보도록 하자.

3부

심리 자산은 어떻게 길러지는가

시그니처를 꽃피우는
일터와 환경

나를 드러낼 용기
– 심리적 안전감

Psychological Safety(Amy Edmondson)

"심리적 안정감[1]은 구성원이 서로를 신뢰하고 존중하며
자기 생각을 솔직하게 나눌 때야 비로소 생긴다."

— 에이미 에드먼슨(Amy Edmondson)의 『두려움 없는 조직』 중에서

오하이오주립대학The Ohio State University 상담센터에서 인턴을 하고 있을 때였다. 기말고사를 몇 주 앞두고 갈색의 더벅머리를 한 대학원생이 심각한 얼굴로 상담실을 찾아왔다. 제임스라는 이름의 그 친구는 기말고사 보고서를 내야 하는데 두 줄 이상 글을 쓰지 못하겠다는 이유로 나를 찾아온 것이었다. 이 학생에게 혹시 학습장애가 있는지 살펴보면서 상담을 진행해보니, 놀랍게도 이 학생은 스탠퍼드대학교 영문학 학부 졸업생이었다! 우수한 성적으로 스탠퍼드대학교 영문학과에 입학했던 제임스에게 무슨 일이 있었던 것일까? 어떻게 길지 않은 기말 보고서를 쓰는 것이 그에게

큰 어려움이 된 것일까?

그의 사연은 이랬다. 스탠퍼드 영문학과에 재학하던 시절, 권위적이고 무서운 교수님이 계셨는데 자신이 작성한 보고서를 학생들 앞에서 공개적으로 신랄하게 비평했다는 것이다. 제임스의 보고서는 교수님의 빨간 줄 공격 세례에 전사한 채로 돌아왔다. 그후 글을 쓰려고 할 때마다 교수님의 날카로운 비평이 귓가에 맴돌아 글을 쓰는 순간 심적 두려움이 몰려왔다.

이 사례는 우리에게 심리적 두려움이 얼마나 학습 능력에 부정적인 영향을 미치는지 보여준다. 이는 심리적 두려움이 분석적인 사고 능력과 창의력, 문제 해결 능력까지 저하시킨다는 연구 결과와 그 맥을 같이 한다.[2] 또한, 신경과학자들은 이 현상의 이유를 사람들이 학습 영역에 써야 하는 자원이 부정적 피드백에 대한 두려움 때문에 위협을 감지하는 뇌 영역인 편도체를 활성화하는 데 쓰이면서 제대로 된 학습이 이루어지지 못하기 때문이라고 설명한다.

반대로 최상의 학습 능력을 끌어내고, 문제 해결 능력을 활성화할 수 있는 방법은 두려움은 최대한 낮추고 심리적 안전감을 높이는 일이다. 이는 실제로 학습 능력과 협력, 분석력 및 창의적 통찰 능력이 점점 중요해지고 있는 우리의 일터에서 진지하게 고민해봐야 할 주제이다. 아무리 유능한 직원을 뽑았다고 해도 조직의 분위기와 문화에서 심리적 안전감을 느끼지 못한다면 제임스의 사례에서 보았듯 직원은 자신의 능력을 발휘할 수 없을 뿐더러 원래 가진 능력보다 낮은 수행 능력을 보일 가능성이 크다. 반면 심리적 안전감을 충분히 느낄 수 있는 일터에서는 구성원들은 새로운 아이디어를 자유롭게 공유하면서 자신의 안위보다 공동의 목표에 집중하면서 상대적으로 높은 수행을 보이며 성장해간다.

시그니처의 토양이 되는 심리적 안전감

심리적 안전감의 개념을 일터에 적용해보면 내가 다른 동료와 상사에게 꾸미지 않은 본연의 모습이나 부족함도 솔직하게 드러낼 수 있는 정도를 말한다. 또한, 내가 반대 의견을 제시하더라도 팀원이 나를 어떻게 평가할지 두려움과 관계 위험도가 낮아 상대적으로 상황을 안전하게 지각하는 정도를 의미한다.[3]

심리적 안전감은 우리가 시그니처를 살려 '자기다운 일'을 하거나 '자신의 강점'을 살리는 일을 할 때 토양과 같은 중요한 역할을 한다. 그 이유는 심리적 안전감이 일터에서 '자신과 자신을 연결해주는 역할'을 하기 때문이다. 가령 우리는 일터에서 '나와의 연결감'이 약할수록 더 피곤함을 느낄 수 있다. 예를 들어, 자신 없는데 자신 있는 척, 모르는데 아는 척, 혹은 상사나 동료의 이야기에 동의하지 않는데 동의하는 척하면서 '진짜 나 True Self'와 '보이는 나^{Representing Self}' 사이에 연결성이 약해진다. 그리고 그 괴리가 점점 심해진다. 일터에서 시그니처를 잘 살릴 수 있는 첫 단계는 구성원 개개인이 가진 자신 본연의 모습과 생각을 자유롭게 표현해도 괜찮고 안전하다는 분위기를 조성하는 것이다.

심리적 안전감의 높고 낮음은 타고난 개인의 특성이나 성향보다도 환경·맥락적인 요인에 영향을 많이 받는다. 자기주장이 강한 사람일지라도 일하는 환경이나 문화가 경직되어 있고 안전하지 못하다고 느낀다면 본연의 모습을 드러내지 못한다.[4] 이런 경우에 사람들은 자기다움을 가린 채 마치 전자제품의 '에너지 절약 모드'처럼 '자기 보호 모드'로 전환하게 된다. 자기 보호 모드에서는 상사와 의견이 달라도 말을 하지 않고, 시대 변화에 맞는 좋은 아이디어가 떠올라도 상사의 눈치를 보느라 선뜻 이야기하지 못한다. 당연히 다양한 구성원의 역량과 강점을 충분히 살리기 어려운 일터가 된다.

개인과 조직의 성장을 위한 첫 단계

심리적 안전감은 1960년대에 조직심리학자들이 처음으로 탐색하기 시작한 개념이다. 1990년대에 들어서는 특히 조직문화를 다루는 분야에서 심리적 안전감에 대한 연구가 활발히 진행되었다.

　불확실한 미래에 경쟁력을 키우려면 조직 구성원이 각자의 자기다움을 찾고 자신만의 강점을 잘 살리는 것이 중요하다. 특히 지식과 기술을 기반으로 한 산업에서는 조직 내에 다양한 목소리가 나올수록 조직과 개인이 성장할 가능성이 커지는데, 다양성의 기반이 바로 심리적 안전감에 있다는 것이 여러 연구를 통해 밝혀졌다. 미국에서 한 회사 직원들을 대상으로 한 연구에 따르면 심리적 안전감은 일터에서의 업무 몰입도를 높이는 데 유의미한 효과가 있다고 한다.[5] 심리적 안전감을 25년간 연구해온 하버드경영대학원의 에이미 에드먼슨 교수도 심리적 안전감이 조직의 학습과 혁신 그리고 성장을 이끈다는 사실을 과학적으로 증명된 연구를 통해 밝혀냈다.[6]

　실제 기업 사례에서도 심리적 안전감은 중요한 역할을 하고 있다. 스웨덴의 '유니버섬'이라는 브랜딩 컨설팅사에서 2017~2018년 동안 12개국(한국, 브라질, 캐나다, 중국, 인도, 프랑스, 일본, 이탈리아, 독일, 영국, 미국, 러시아)을 대상으로 가장 매력적인 고용주 순위를 발표했는데, 1위는 구글이었다. 그 이유는 구글이 구성원들에게 심리적 안전감을 주었기 때문인 것으로 나타났다. 구글에서 탁월한 성과를 낸 팀의 주요한 특성 또한 구성원들의 심리적 안전감이 높다는 것이었다.[7]

　해외를 비롯해 국내 조직에서도 심리적 안전감에 대한 관심이 커지고 있다. 한국 직장인을 대상으로 한 연구에서 심리적 안전감이 몰입과 직무 성과에 긍정적인 영향을 주고 있는 것으로 나타났다.[8] 그뿐만 아니라 현재 빠르게 성장하고 있는 스타트업 기업에서 심리적 안전감은 성장에 매우 중요한 요인으로 작용하고 있었다. 스타일쉐어 윤자영 대표는 말한다.

"구성원들이 서로 건설적인 피드백을 주고받는 것에 대해 감정이 상하지 않을 거라고 믿기 때문에 바로바로 피드백을 주고받으며 효과적으로 일하고 있어요. 이는 구성원들이 부차적인 일에 에너지를 낭비하지 않고 업무에 몰입하는 데에 도움이 됩니다."

토스 이승건 대표 역시 "직원들이 기본적으로 피드백이 상대방의 일을 방해하거나 공격하고 비난하려는 의도가 아니라, 일을 잘 진행하여 결과적으로 팀 전체의 목표를 달성하기 위함이라는 걸 이해하고 있어요"라고 말한다.

그렇기 때문에 서로 다른 의견을 주고받는 것에 거리낌이 없고 빠르고 효과적으로 일을 처리해나갈 수 있다는 것이다.

그 외에도 빠른 성장세를 보이고 있는 스타트업 기업에서는 구성원들이 동료나 팀장과 다른 생각을 가지고 있더라도 이를 말하거나 자신의 개성을 드러내는 것을 두려워하지 않았다. '내가 이런 이야기를 하면 다른 사람들이 어떻게 생각할까?'에 불필요한 에너지를 쏟는 대신, 구성원들의 탄탄한 심리적 안전감을 바탕으로 한발 빠르게 혁신과 성장을 만들어가고 있는 것이다.

이런 혁신이 상대적으로 수평적인 문화를 가진 스타트업에서만 가능하다고 생각할지 모르겠다. 하지만 그렇지 않다. 위계적이고 수직적인 문화를 가진 대기업에서 심리적 안전감은 오히려 더 긍정적인 효과를 가지고 올 수 있다. 독일에서 이루어진 어느 연구에 따르면 독일 회사에서 상대적으로 힘이 있는 독일인들보다 소수자인 이민자 직원들이 심리적 안전감을 가졌을 때 더욱 업무 몰입도가 높아졌고 정신 건강에 긍정적인 영향을 미쳤으며 이직률 또한 낮아지는 효과가 있었다고 한다.[9]

위계질서가 강할수록 구성원 사이에서 서열이 아래인 직원이 심리적 안전감을 느끼지 못하면 의견을 내기가 어려워진다. 한마디로 눈치를 보아야 할 상황이 많아지는 것이고, 이는 업무 몰입도가 낮아지는 결과로 이어진다. 그런데 역설적이게도, 산업이나 조직에 따라 차이는 있겠지만 위계질서의 아래에 위치한 사람들일수록 소비자의 새로운 욕구나 필요를 누구보다 밀접하게 알고 있거나 참신한 아이디어를 많이 가지고 있을 가능성이 크다. 따라서 조직이 크고 경직된 분위기일수록 심리적 안전감은 더욱 주목하고 키워야 할 문화적 요소다. 심리적 안전감이 개인과 조직의 성장을 이끄는 이유를 정리하면 다음과 같다.

※심리적 안전감이 높은 조직이 경쟁력을 가질 수 있는 이유

1. 리스트 관리를 민첩하게 할 수 있다. 잠재적인 위험 요소를 미리 파악하여 제거할 수 있다.

2. 조직원 사이에 혁신적이고 창의적인 아이디어가 활발히 교류되어 기업의 발전 가능성이 높아진다.

3. 구성원들이 다른 사람들의 시선을 신경 쓰느라 소비했던 불필요한 에너지를 줄일 수 있다. 자연스럽게 업무 몰입도가 높아져 긍정적인 성과를 낼 수 있다.

4. 심리적 안전감이 높은 조직의 구성원은 이직률이 낮다.

일터에서 심리적 안전감을 높이는 방법

일터에서 심리적 안전감을 높이려면 어떻게 해야 할까? 리더와 팀장은 직원들의 의견이나 질문을 들을 때 내용에 대한 평가는 배제한 상태로 편견 없이 듣는 연습을 하는 것이 핵심이다. 의견과 질문을 내는 것이 본질적으로 일을 더 잘하고 싶은 마음에서 비롯되었다는 사실을 이해하고 접근해야 한다. 그러고 나서 그들의 의견에 대응할 때 미세하게나마 표현 방식에 변화를 주는 것이 좋은 시작이 될 수 있다. 예를 들어, 누군가가 회의 시간에 기존의 관습과 다른 의견을 제시하거나 비판적인 질문을 했다면 우선 감사의

표현을 하도록 하자. 내용에 대한 감사 표시가 아니라 '관습과 다른, 대다수 사람과 다른 목소리를 낸 용기'에 감사하는 것이다. 그리고 다른 의견을 내거나 질문하는 것에 대해 적극적으로 수용하고 격려하는 분위기를 조성해야 한다.

양질의 지식 콘텐츠를 정기 구독 멤버십 서비스를 통해 매월 제공하는 스타트업 '퍼블리 Publy'는 회사 사무실 입구에 '추측하지 말고, 고민하지 말고 물어보자'라는 문구를 적어놓았다. 직원들에게 질문과 의견을 내는 것을 격려한다는 기업의 메시지를 분명히 전하는 것이다. 여기서 중요한 것은 그 아이디어나 질문의 유용성이 아니다. 구성원들이 생각을 자유롭게 표현하고 있다는 사실 그 자체다. 의견이 실제로 반영될 수 있는 것인지는 다음 단계에 확인 절차를 거친 후 실행으로 옮겨도 늦지 않다.

심리적 안전감을 높이기 위한 구성원들의 역할 역시 중요하다. 기업에서 아무리 좋은 환경을 제공한다 하더라도 결국 기업문화는 구성원들이 만들어가는 것이기 때문이다. 직원들은 일터에서 심리적 안전감을 높이기 위한 방안이나 조직의 변화 방향을 동료들과 논의하거나 조직에 직접 제안해볼 수 있다. 하루에 많은 시간을 보내는 일터에서 다른 사람들의 시선이 두려워서 '아는 척' 혹은 '괜찮은 척' 하느라 에너지를 쓰지 않고, 나의 생각을 솔직하게 표현하면서 일에 몰입할 수 있는 문화적 토양을 동료들과 함께

심리 자산을 키우는 일터와 환경

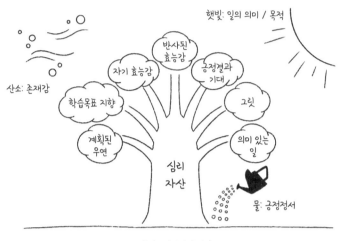

햇빛: 일의 의미 / 목적

반사된 효능감

자기 효능감

긍정결과 기대

산소: 존재감

학습목표 지향

그릿

계획된 우연

심리 자산

의미 있는 일

물: 긍정정서

토양: 심리적 안전감

만들어가는 과정은 의미가 있다. 물론 개인이 할 수 있는 일에는 한계가 있을 수 있다. 그러나 중요한 것은 내가 일터에서 나를 표현하면서 일할 수 있도록 스스로를 적극적으로 돕는 것이다. 심리적으로 안전하다고 느끼지 못하는 일터는 자기다움이 꽃피기 어려운 토양과 같다. 그 척박한 토양에서 아무것도 하지 않는다면 자기다움의 꽃을 피우기를 포기하는 것이고 이는 곧 자신을 방치하는 일이다. 내가 피운 꽃이 과연 어떤 모습일지 궁금하지 않은가.

외부의 불안 요소도 관리하라

　지금까지는 조직 내부에서 조성할 수 있는 심리적 안전감에 대해 이야기했다. 그러나 우리가 안전감을 느끼려면 일하는 곳의 분위기도 중요하지만 회사 밖, 외부의 분위기도 중요하다. 예를 들어, 내가 다니는 회사가 곧 폐업한다는 소문이 들리는데 심리적 안전감을 유지하며 일에 집중하기는 쉽지 않다. 또는 일하는 지역에 전염병이 퍼지거나 통제 불가능한 경기 침체의 요소가 생겨도 일에 집중하는 것이 쉽지 않다. 그러므로 개인이 일에 몰입할 수 있는 분위기를 만들기 위해서 리더는 심리적 안전감을 해치는 외부적 요소는 무엇인지 파악하고 관리해나가는 것이 중요하다.

　인터뷰에 참여했던 스타일쉐어의 윤자영 대표는 실제로 직원들의 안전감을 해칠 수 있는 외부 요소를 관리하고 있었다. 그래서 투자를 유치할 때도 직원들이 크게 동요하지 않도록 조절한다고 한다.

　"기대가 크면 만에 하나 일이 잘 안 되었을 때 실망이 크잖아요. 그러면 기대하지 않았을 때보다 사기가 더 떨어지거든요. 그래서 일부러 이번 투자는 잘 안 될 것 같긴 한데, 안 되더라도 문제는 없고 되면 좋은 거니까 한번 시도해보는 거라고 안심시켜요. 외부 요소에 직원들이 심리적으로 동요하지 않도록 관리하는 편이지요."

윤 대표는 정보를 최대한 투명하게 공유하기 위해 노력하되 직원들이 일할 때 심리적 동요가 일어나지 않도록 불필요한 정보는 적절하게 조절하면서 공개한다고 말한다.

이는 인터뷰에 참여했던 다른 창업가들도 같은 의견이었다. 대다수의 직원을 불안하게 만드는 외부 정보는 핵심 리더 역할을 하는 사람이 적절하게 처리해서 조직의 심리적 안전감이 위협받지 않도록 조절하는 것이 필요하다는 이야기였다.

한 치 앞을 알 수 없고 외부의 불안 요소가 큰 미래 사회에서 심리적 안전감은 중요한 키워드로 떠오르고 있다. 이런 상황에서 직원들의 심리적 안전감을 위해 내부적 요인뿐 아니라 다양한 외부 상황을 적절하게 조절해주는 리더의 역할이 점점 더 중요해질 것이다.

SIGNATURE

2장

내가 중요한 존재라는 믿음
- 존재감과 소속감

Mattering theory(Morris Rosenberg)

"경영에 가능한 한 사원을 참여시킨다.
자신도 참여하고 있다고 느끼면 일하는 태도도 달라진다."

― 고바야시 마사히로(小林政廣), 영화감독

"직장에서 제가 할 일이 없다고 느낄 때 가장 힘들어요. 다른 동료들과 선배들은 우리 팀을 위해 열심히 일하고 있는데, 저 혼자 일 없이 앉아 있을 때마다 괴로워요."

이제 막 직장생활을 시작한 20대의 말이다.

사회초년생을 대상으로 직업 적응 과정의 어려움을 조사한 연구에서 이들이 직장에서 가장 힘들 때가 위와 같이 '존재감 없는 나'를 느낄 때라는 결론을 내렸다.[10] 직장에서 사람들은 자신의 존재감을 느끼지 못할 때 무기력함, 자괴감, 회의감 등 부정적 정서를 크게 경험한다. 특히 밀레니얼 세대 혹은 Z 세대는 SNS를 통해 사람들과 인증샷을 공유하며 나의 참여와 가치를 드러내는 것에 익숙하기 때문에 '나의 존재감'을 느끼는 것이 매우 중요한 요소다.

자기다움, 나만의 시그니처를 키우는 환경을 조성하는 1단계는 심리적 안전감을 높이는 것이었다. 심리적 안전감이 갖춰질 때 우리는 자기 자신을 드러낼 용기를 얻고 목소리를 내게 된다. 다음 단계에 필요한 것은 내가 낸 의견이 일터에서 얼마나 중요하게 다루어지는가에 대한 것이다. 더 나아가 내가 중요한 직원이고 조직에 도움이 되고 있다는 것을 스스로 체감할 수 있어야 한다. 한마디로 일터에서 존재감을 키우는 것, 이것이 심리 자산을 키우는 2단계다.

이런 현상을 설명해주는 심리학적 용어 중에 '존재감^{Mattering}'이라는 개념이 있다. 심리학자인 로젠버그^{Morris Rosengberg}에 의하면 존재감은 크게 '대인 존재감^{Interpersonal Mattering}'과 '사회적 존재감^{Societal Mattering}'으로 나뉜다.[11] 일터에서의 대인 존재감은 상사나 팀장, 동료들이 나에게 얼마나 관심이 있는지, 그리고 내가 우리 팀에서 얼마나 중요한 존재로 여겨지는지 스스로 지각하는 정도를 말한다. 한편 사회적 존재감은 내가 하는 일이 우리 사회에 어떻게 기여하고 변화시키는지 영향력을 자각하는 정도를 말한다.

여기서 '존재감'이 자아 존중감과 혼동하기 쉬운 부분이 있어서 개념에 대해 한번 짚고 넘어가자면, 대인 존재감은 '타인'이 나의 가치를 어떻게 느끼는지에 대한 나의 느낌을 말한다. 내가 스스로 나의 가치를 느끼는 '자기 존중감'과는 구별된다는 것을 알아두자.

나는 일터에서 존재감을 느낄 수 있는가

나의 존재감을 다른 사람이 알아주는 것이 어떻게 나의 심리 자산을 높일 수 있을까? 일터에서 자신의 존재감을 느끼는 직원이 많을수록 어떤 긍정적 변화가 일어날 수 있을까?

직장 동료들이 나를 중요한 사람이라고 인식한다는 걸 본인이 높게 지각할수록 직업 스트레스를 경험하는 정도가 낮으며[12] 직업 만족도가 높고[13] 정신 건강도 높아진다는 연구 결과가 있다.[14]

대인 존재감은 다양한 채널을 통해 경험할 수 있는데 특히 일터에서는 중요한 의사 결정에 함께 참여하는 과정에서 이를 경험할 수 있다. 이와 관련하여 『실리콘밸리를 그리다』에는 실리콘밸리에 있는 200여 개의 스타트업 문화를 살펴본 흥미로운 연구가 나온다. 이 연구에서는 스타트업의 창업 당시 모델을 분석하였는데 크게 참여 유형, 프로페셔널 유형 그리고 스타 유형 세 가지로 분류되었다.

참여 유형은 직급에 상관없이 구성원 모두가 회사의 비전과 가치를 공유하고, 함께 의사소통하는 특징을 가졌다. 프로페셔널 유형은 전체 구성원이 아니라 기술적 전문성을 가진 구성원을 중심으로 일을 처리하고 의사 결정을 했다. 마지막으로 스타 유형은 유명하고 개인기가 좋은 인력으로 인원을 구성하여 이들이 주도적으로 일을 하는 방식이었다. 이 세 가지 중 가장 오래 지속적인 성장을 보이며 살아남은 기업은 어떤 유형이었을까? 바로 참여 유형이다. 참여 유형에 해당하는 스타트업은 다른 유형의 기업과 동일한 위기를 겪을지라도 훨씬 안정적으로 이를 극복하고 성장했으며, 주식 상장까지 성공적으로 나아갔다. 참여형 모델의 성공은 회사 구성원들이 중요한 의사 결정에 가능한 한 많이 참여하면서 자신의 목소리가 회사에 얼마나 중요한 역할을 하는지 스스로 존재감을 느끼는 경험이 얼마나 중요한지 시사해준다. 이때 느끼는 존재감은 회사에 대한 소속감으로도 이어진다.

산업화 시대의 권위주의적 기업문화에서는 직급이 높은 사람의 의견만 존중되고, 직급이 낮은 사람들의 아이디어는 의사 결정 과정에 반영되지 못했다. 물론 의사 결정의 속도가 중요한 변수일 때는 주요 의사 결정자들이 모여서 신속한 결정을 내리는 것이 더 적합한 경우도 있다. 하지만 미래 사회에 신속한 결정만큼 중요한 요소로 부각되는 것이 다양한 관점에서 탄생하는 혁신적인 아이디어다. 조직의 규모나 산업 분야에 따라 효과적인 의사 결정 방식은 각기 다를 수 있지만, 핵심은 구성원들이 조직 안에서 자신

의 존재감을 느낄 수 있는 문화와 분위기가 일의 만족도를 높이고
일터의 생산성을 높이는 데 중요한 역할을 한다는 것이다.

주인의식으로 이어지는 존재감의 위력

시그니처를 키우는 일터의 공통점은 직원들이 직급에 상관없
이 자유롭게 자기 목소리를 낼 수 있는 환경을 조성하기 위해 노
력한다는 것이었다. 여기서 중요한 것은 '직급에 상관없이'라는
점이다. 직원은 회사의 구성원이기 이전에 한 명의 고객이다. 고
객과 직원을 분리해서 생각하지 않는 것이다. 직원들이 제품이나
서비스에 대해 솔직한 피드백을 줄수록 더 좋은 제품과 서비스를
만들 가능성이 높아진다고 생각하며 적극적으로 수용한다.

실제 사례를 살펴보자. 인터뷰에 참여했던 스타트업 기업 중에
서는 타운 홀 미팅 town hall meeting을 매주 혹은 한 달에 한두 번씩 진
행하는 경우가 많았다. 타운 홀 미팅이란 원래 시민들을 초청해서
정책이나 이슈를 설명하고 자유롭게 토론하는 회의 방식을 말한
다. 스타트업에서는 타운 홀 미팅을 어떻게 진행할까? 우선 직원
들이 모두 모여 어떤 프로젝트를 어떻게 진행하고 있는지 각 팀별
로 설명한다. 나머지 직원들은 설명을 들으며 질문을 하거나 의견
을 제시할 수 있다. 해당 팀은 질문에 대해서는 피드백을 주고, 고

려할 만한 의견이 나오면 바로 프로젝트에 반영해서 테스트를 해본다. 발언은 직급에 상관없이 누구나 자유롭게 할 수 있다.

미국 뉴욕의 중심부에서 K-뷰티의 아름다움을 알리기 시작해 지금은 글로벌 화장품 브랜드로 성장하고 있는 글로우 레시피의 사라 리 대표는 인터뷰에서 제품 개발 과정에 전 직원을 참여시킨다고 말했다.

"우리 회사는 제품을 출품하기 전에 가능한 모든 직원들의 피드백을 받으려고 노력해요. 심지어 우리 회사의 청소를 도와주시는 분들에게도요."

최적의 화장품 배합을 찾아내는 메인 팀이 있고, 디자인 팀, 커뮤니케이션 팀 등이 있지만 맡은 업무가 무엇이든 같은 조직 안에서 최고의 화장품을 만들어 고객에게 기쁨을 전달하는 하나의 목표를 공유하고 있다는 것이다. 회사의 대표든 청소를 도와주시는 분이든 상관없이 말이다.

"다양한 사람의 다양한 관점과 아이디어를 듣고 목소리를 내준 분들에게 꼭 감사를 표현하는 것이 저희 기업문화의 특징입니다. 이 과정 덕분에 제품이 나오면 마케팅 팀이 아니더라도 직원들은 굉장히 흥분하고 기뻐합니다. 자신의 의견이 반영된 제품이 출품되었다는 것에 구성원들은 큰 자긍심과 기쁨을 느끼지요."

이렇게 함으로써 직원들은 회사의 일원으로 함께한다는 소속감을 느낄 수 있다. 또 자신의 의견이 중요하게 여겨지고, 실제로 제품의 개발에 반영되는 것을 보면서 존재감을 느낄 수 있다. 직원 개개인이 어떤 역할을 맡고, 직급이 무엇이든 직장에서 중요한 사람이라고 느끼면 주인의식을 가지고 주도적으로 다양한 의견을 내게 된다. 그 속에서 창의적인 아이디어가 나오기도 하고, 보완해야 할 부분이 드러나기도 한다. 또 직원들이 내가 좋은 제품으로 사회에 기여하고 있다는 느낌을 받으면 일을 더 잘하고 싶다는 동기부여가 된다.

반대의 경우에는 안타깝게도 악순환이 일어난다. 나의 의견에 구성원들이 관심이 없고, 조직의 일원으로 소속되어 있다는 정서적 연대감이 약하면 일의 오류를 발견했거나 좋은 생각이 있을지라도 말할 의욕이 생기지 않는다. 이런 것들이 점점 쌓이면 각자의 일만 하는 분위기가 된다. 구성원의 사회적 존재감은 낮아지며, 내가 하는 일을 통해 우리 조직과 사회를 성장시키고 혁신해나가야겠다는 열정은 점점 식어버린다.

직원들의 존재감을 높이는 방법

조직에서 구성원들을 중요한 존재로 여기고 있을지라도 당사자가 느끼지 못하면 소용이 없다. 표현이 비교적 자연스러운 서구 문화권에 비해 한국에서는 구성원들끼리 서로 긍정적인 정서를 표현하는 것을 매우 어색해하거나 어려워한다. 그러다 보니 동료들에게 관심을 가지고 안부를 물어보거나 감사를 표현하는 빈도수가 상대적으로 낮다.

회사 내에서 구성원들이 지각하는 존재감을 높이기 위해서는 거창한 표현보다도 오히려 사소한 말 몇 마디나 따뜻한 비언어적 표현이 중요하다. 물론 이 바탕에는 진정성 있는 관심을 가지고 있으며 직원의 존재를 중요시한다는 사실이 전제되어야 한다. 일터에서 직원들의 존재감을 높일 수 있는 구체적인 방법을 살펴보자.

직원들의 존재감을 높이는 리더의 역할

1. 한 번 더 경청하자.

기본적으로 상대에 대한 관심이 중요한데 관심은 그 사람의 이야기를 경청하는 것으로 표현할 수 있다. 특히 미래의 혁신 산업 분야에 있는 리더일수록 듣는 자세를 갖춰야 한다. 실무를 하는 직원일수록, 직급이 낮은 직원들일수록 타깃 소비자층의 선호도와 취향을 잘 알고 있을 가능성이 높기 때문이다.

2. 의견을 내지 않는 직원이 있다면 조심스럽게 유도하자.

의견을 내지 않는 이유는 직원의 성향이나 상황에 따라 다양하다. 일단 원인을 파악한 후 의견을 낼 수 있도록 장벽을 최대한 제거해주고 이야기할 기회를 주어야 한다.

3. 의견을 내준 것에 감사하고 실제로 반영하자.

앞서 심리적 안전감에서 말한 방법이 여기서도 통한다. 많은 사람이 의견을 말할 때 '내 의견이 바보같이 들리지 않을까? 별로 도움이 안 되는 것은 아닐까?'라는 걱정을 한다. 그런 걱정 없이 자유롭게 의견을 교환할 수 있도록 의견을 낸 사람에게 감사의 표현을 하자. 그리고 좋은 의견은 실제로 제품이나 서비스에 반영해보자.

4. 직급이나 정체성에 관계없이 구성원들이 소외감이 들지 않도록 배려하자.

모든 구성원들에게 아주 작은 긍정과 인정의 표현은 일터에서 만족감과 생산성을 높이는 데 중요한 요소다. 이는 '마이크로 어퍼메이션Micro-affirmations'이라는 심리학적 이론으로도 소개되었다.[15] 이 개념은 작고 미묘하지만 어떤 대상이나 존재에 대한 수용과 지지를 표현하는 방식을 말한다. 우리가 손쉽게 바로 실천할 수 있는 예로는 외국인 직원이 있을 경우에 그 직원의 국기를 근무지에 배치해놓는 것이 있다. 해외에 갔을 때 태극기가 걸려 있는 장소에 들어가면 환영받는 느낌이 드는 것과 같은 이치다.[16]

또한 여성이 소수인 일터에서는 여성 친화적 공간(수유실, 여성 수면실 등)을 마련해주고 반대로 남성이 소수인 일터에서는 남성 친화적인 공간(남성 전용 휴게실, 남성 전용 화장실 등)을 마련해줄 수 있다. 서로의 정체성과 존재를 배려하고 소속감을 전달하는 것이다. 상대적으로 소수 집단에 속하는 직원이 있다면 의식하지 못하는 사이 소외감을 느끼고 있는 것은 아닌지, 문제점과 어려움은 없는지 수시로 물어보는 작업이 매우 중요하다.

이처럼 소소해 보이는 것에 변화를 주어 의외로 큰 효과를 볼 수 있다. 이를 '마이크로 인터벤션 Micro-intervention' 즉, '소소한 개입'이라고 한다. 우리가 스스로 중요한 존재라고 느낄 만한 배려와 존중은 커다란 사건이 아니라 아주 작은 것에서부터 시작된다. 일상 속의 소소한 개입을 통해 조직문화를 바꾸고 구성원의 복지를 높일 수 있어 국내 기업에서도 주목하고 있는 개념이기도 하다.

또한 앞으로 일터에서는 성별이나 인종의 문제가 아니더라도 다양성을 존중하는 분위기가 중요해질 것이다. 일하는 방식에 있어서도 A 직원과 B 직원이 다를 수 있다. 개인에게 맞는 업무 처리 방식은 당사자가 가장 잘 알고 있다는 것을 리더가 믿어주고 직원들의 개성을 존중해준다면 업무 처리의 효과는 훨씬 좋아진다.

지금까지는 일터에서 다양한 개입을 통해 대인 존재감을 어떻게 키울 수 있을지에 대해 살펴보았지만, 개인이 스스로 키울 수 있는 부분도 분명히 있다. 자신의 일에 대해 2퍼센트만 더 주인의식을 가지고 접근해보자. 예를 들어, 업무를 수동적으로 수행하던 자세에서 벗어나 내가 기여할 수 있는 일을 적극적으로 찾아보는 것이다. 그 일을 전담하는 사람이 없으면, 새롭게 제안해볼 수도 있다. 또 자신의 강점을 살릴 수 있는 일이 무엇인지 관찰하면서 관련된 역량을 키울 수도 있다. 환경이나 일터의 문화에서 내가 존재감을 느끼기 부족한 면이 있다면 스스로 존재감과 중요도를 높일 수 있도록 주체적이고 적극적인 자세가 필요하다.

3장

행복하게 일할 때 성과가 나는 이유
– 긍정정서

Broaden-and-build theory(Barbara Fredrickson)

"만약 여러분의 삶에 힘을 내고 싶다면,
우선 여러분의 발밑에 있는 행복부터 주워 담으세요."

– 틱낫한(Thick Nhat Hanh), 베트남 승려

　한국에서 직장생활을 하다가 실리콘밸리로 재취업을 한 사람들은 한국과 미국의 직장 문화 차이를 생생하게 실감하게 된다고 한다. 대부분 가장 놀라는 점은 리더가 "여기서 일하는 것이 행복합니까?" 같이 직원의 행복에 관심을 갖고 질문하는 것이라고 한다. 회사에서 '행복'이라는 단어를 거의 쓰지 않는 한국과는 사뭇 분위기가 다르다.

　직원들의 복지와 행복에 관해서라면 구글Google을 빼놓을 수 없다. 구글에서는 유명한 요리사들이 직접 직원들의 식사를 만들고, 자체적으로 직원의 행복을 높이기 위한 다양한 시도를 하는 것으

로 유명하다. 비단 미국의 기업만 긍정정서에 주목하고 있는 것은 아니다. 최근 국내의 일터에서도 긍정정서에 관심을 가지기 시작했다. 우리나라의 유니콘 스타트업이자 '메디힐' 마스크팩으로 유명한 엘앤피코스메틱 L&P Cosmetics도 최대한 직원들이 긍정적인 정서를 많이 경험할 수 있도록 노력하고 있다. 직원들이 회사 안에서 좋아하는 운동이나 취미 활동을 할 수 있는 프로그램을 제공하여 회사에 머무는 시간에 다양한 활동을 통해 행복감을 최대한 느낄 수 있도록 배려하였다.[17] 연평균 250퍼센트씩 빠르게 성장하고 있는 크라우드펀딩 플랫폼 와디즈 Wadiz도 조직문화에서 긍정정서를 높이기 위한 다양한 제도를 운영하고 있다. 하나의 예로, 칭찬 릴레이 제도가 있다. 매달 '임팩트 포럼'을 열어 칭찬을 받은 사람이 다음 사람을 지목하여 칭찬하며 칭찬을 이어가는 방식이다.[18]

큰 성공을 거둔 기업이 아니더라도 새로운 기술이나 아이디어를 기반으로 하는 조직에서는 특히 구성원이 일을 하며 행복감과 만족감을 느끼는 것을 매우 중요하게 생각한다. 조직의 리더들이 예전보다 직원들의 긍정정서에 관심을 갖고 관리하게 된 이유는 무엇일까? 만족스럽고, 행복하며, 신나고, 기쁜 감정의 상태를 '긍정정서'라고 하는데 이 긍정정서가 일터에서 개인이 시그니처를 발현하고 일에 몰입할 수 있도록 도와주는 중요한 역할을 한다는 사실이 밝혀지고 있기 때문이다. 실제로 긍정정서가 생산성을 높이고 창의적인 사고를 향상시킨다는 사실은 다양한 심리학 이론과 연구들에서 확인할 수 있다. 다음 장에서 일터에서 구성원이 자기다움을 발휘하며 신나게 일하도록 도와주는 긍정정서에 대해 조금 더 알아보자.

일터에서 창의력과 생산성을 높이려면

심리학자 바바라 프리딕슨Babara Fredickson은 '긍정정서 확장-수립 이론Broaden-and-build Theory of Positive Emotions'[19]이라는 것을 제시했다. 이 이론에 따르면 긍정정서는 기계적으로 하던 생각과 행동을 좀 더 창의적이고 유연하게 할 수 있도록 확장시키는 역할을 한다.

미국 엔지니어들을 대상으로 진행한 나의 연구에 따르면 긍정정서는 자신의 일에 대한 효능감을 높여주고, 업무 목표를 달성하도록 진전시키며, 직업 만족도와 삶의 만족도를 모두 높여주는 것으로 나타났다.[20] 한국에서도 긍정정서와 생산성의 관계에 관한 많은 연구가 진행되었다. 한국의 직장인을 대상으로 살펴본 연구에서도 긍정정서는 조직 몰입뿐만 아니라, 직무 만족을 높여준다고 보고하고 있다.[21]

'긍정정서 확장-수립 이론'이라는 말이 어렵게 느껴지지만 사실 누구나 한 번쯤 경험해본 개념이다. 예를 들어 기분이 안 좋을 때는 늘 해오던 반복적인 업무를 하는 데는 큰 지장이 없다. 그러나 새로운 아이디어를 내거나 창의적인 활동을 해야 한다면 이야기가 달라진다. 내가 기분이 좋고 만족스러울 때 자연스럽게 아이디어가 많이 떠오르고 새로운 일을 행동으로 옮길 수 있는 에너지도 만들어진다.

실제로 일 잘하는 사람들의 업무 방식을 살펴보면 자신의 기분과 컨디션을 점검하여 이에 맞게 업무를 조정하는 것이 공통적이다. 기분이 안 좋은 상황이면 기계적으로 할 수 있는 보고서 표 작성, 자료 찾기, 문서 정리하기와 같이 창의성이 필요 없는 단조로운 작업을 주로 한다. 반대로 기분이 좋을 때는 그 기분을 최대한 살려 새로운 프로젝트에 대한 구상을 하거나 아이디어 회의, 글쓰기를 하는 등의 참신한 관점이 필요한 활동에 집중하는 것이다.

결국 내가 일을 가장 효과적으로 잘할 수 있는 방법을 아는 사람은 나뿐이다. 개개인의 정서 상태와 기분의 높낮이를 고려하여 일을 적절하게 나눠서 하는 것이 힘을 적게 들이고도 효율적으로 일을 하는 방법이다.

스트레스가 없다고 안심하지 말자

이제 기술의 발달로 단순하고 반복적인 일은 인공지능이나 기계가 대신하게 된다. 인간이 하는 일은 조금 더 높은 수준의 사고력, 통찰력, 창의력 등이 필요한 영역으로 옮겨갈 것이다. 그러므로 일터에서 우리의 사고 범위를 확장하는 데 영향을 미치는 긍정정서의 역할은 점점 더 중요해지고 있다. 많은 기업이 혁신 경영과 기술, 서비스를 외치는 상황에서 일터의 긍정정서를 어떻게 활성화해야 하는지 고민이 깊어지는 시점이다.

그런데 긍정정서에 대하여 많은 사람들이 오해하는 것이 있다. 바로 부정적인 정서가 없으면 긍정정서가 높다는 생각이다. 미국의 유명한 사회학자인 키이스Keyes 교수의 '정신건강 연속 모델 Mental Health Continuum Model'22에 따르면, 부정적인 정서가 없다고 행복한 것은 아니다. '긍정정서가 있는 것'과 '부정정서가 없는 것'은 다른 이야기다. 그렇기 때문에 일터에서 단지 내가 스트레스가 없다고 해서 괜찮다고 안심할 수 없다. 부정적인 정서가 없더라도 일하는 것이 만족스럽고 행복한지는 내 마음을 자세히 살펴보아야 알 수 있는 문제다.

'나만의 시그니처를 키우는 것'은 꽃을 피우는 행위에 비유할 수 있는데 꽃은 병충해(부정정서)가 없다고 잘 자라지 않는다. 물, 토양, 햇빛, 산소 등 성장에 영향을 미치는 적절한 요소가 갖춰져야 잘 자랄 수 있다. 그중에서 식물이 생명을 유지하는 데 필수적인 물의 역할을 하는 것이 바로 긍정정서다. 긍정정서가 있어야만 시그니처라는 꽃이 생명력을 얻고 활짝 필 수 있다. 회사의 입장

부정정서와 긍정정서의 관계

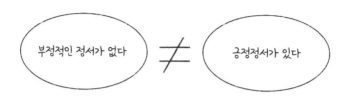

부정적인 정서가 없다 ≠ 긍정정서가 있다

에서는 직원들이 부정적인 경험이나 불만이 없다고 해서 회사에 만족할 것이라는 안일한 생각은 버리고 구성원들이 긍정정서를 경험할 수 있는 환경을 만들기 위해 노력해야 한다.

정신 건강을 위해 많은 사람들이 '스트레스 관리하는 법'에 초점을 맞춘다. 그러나 부정정서와 마찬가지로 스트레스가 없다고 우리의 정신이 건강하다는 뜻은 아니다. 정신적으로 건강한 상태를 '번영 Flourishing 상태'라고 하는데, 번영 상태는 부정정서인 스트레스가 없는 것을 넘어 긍정적인 행복감과 만족감이 충분한 상태를 의미한다. 즉, 긍정정서는 정신 건강의 측면에서 개인의 성장과 번영을 위해 중요한 하나의 축이라고 할 수 있다.

일터에서 행복하게 일하고 싶다면

그렇다면 직장에서 어떻게 행복하게 일할 수 있을까? 긍정정서를 높이는 방안에 대해 생각해보라고 하면 아마 많은 사람이 연봉 상승이나 긴 휴가를 떠올릴 것이다. 최신 연구 결과를 바탕으로 이야기하자면, 연봉 상승과 긴 휴가는 잠시 동안 기쁨을 느끼게 해주지만 일상에서 지속적으로 긍정정서를 유지시키는 데 중요한 변수는 아니었다. 오히려 너무 사소해서 '이런 것들이 정말 효과가 있을까'라는 생각이 드는 소소한 접근법이 효과가 있다. 소소한 만큼 일터에서 일상적으로 일어날 수 있기 때문에 그 효과가 더 강력한 것이다.

심리학에는 긍정심리학이라는 분야가 있고 긍정적인 조직을 연구하는 분야도 따로 있다. 이 분야에서는 조직 구성원이 행복을 느끼고 역량을 발휘하는 조직을 만들기 위한 탐구를 한다. 긍정적인 조직문화를 활성화하기 위한 여러 가지 이론과 검증된 방법 중에 누구나 손쉽게 실행할 수 있으면서 큰 효과를 볼 수 있는 소소한 접근법을 소개한다.

소소한 감사와 축하에서 오는 기적

오클라호마에서 상담심리학 프로그램의 교수 생활을 하던 시절 인디애나대학의 조엘 왕Joel Wang 교수의 세미나를 들을 기회가 있었다. 세미나 내용 중에 '소소한 감사Micro-gratitude' 이론이 인상적이었다. 나도 실제로 이때 배운 '소소한 감사 활동'을 실제 생활에 적용해보았는데 긍정정서를 높이는 데 효과가 좋았다. 연구 결과를 통해서도 과학적으로 입증이 되었던 방법이라서 소개하고자 한다.[23]

'행복'에 관심이 많은 사람이라면 '감사하기'가 행복감 증진에 좋은 영향을 끼친다는 것을 이미 알고 있을 것이다. 그런데 여기서 핵심은 굉장히 사소하고 일상적인 일에 감사하는 연습을 하는 것이다. 소소한 감사 이론을 우리 일터에 적용해보자. 우리는 일하면서 사소할지라도 많은 사람들의 도움을 받고 있다. 나의 고민을 들어주는 동료를 비롯하여 일하는 공간을 매일 깨끗이 청소해주시는 분들까지 일상적으로 당연하게 여겼던 것에 대해 감사함을 표현해보는 것이다. 작은 미소도 좋고, "평소에 제 고민을 들어줘서 고마워요" 혹은 "늘 깨끗하게 청소해주셔서 감사해요"라고 간단한 인사를 건네보자. 같이 일하는 동료나 대표 혹은 직원들에게는 메모나 메신저를 사용할 수도 있다. 소소한 감사가 쌓이면 표현하는 사람도 받는 사람도 기분이 좋아진다. 이 행동에 익숙해지면 일터는 자연스럽게 소소한 감사를 나누는 장이 된다. 그리고 이러한 소소한 감사는 신기하게도 점점 더 많은 감사할 거리를 불러 모은다. 마치 자석의 원리처럼!

서구 문화권에 비해 우리나라에서는 축하하는 문화가 상대적으로 약하다. 축하받을 일이 있어도 겸손이 미덕이라 생각하여 잘 밝히지 않고, 주변에서도 모르고 지나치는 경우도 많다. 그래서인지 우리나라에서 '축하'라고 하면 졸업이나 입학, 승진, 생일, 결혼 등 굵직한 이벤트를 주로 떠올리게 된다.

하지만 큰 이벤트가 아니더라도 일상에서 소소하게 축하할 일은 얼마든지 있다. 미국 뉴욕에 본사를 두고 K-뷰티를 이끌어가고 있는 글로우 레시피는 일터의 분위기를 화기애애하게 가꾸기 위해 아주 사소한 것에 대해서도 서로 축하해주는 것이 일상이라고 한다. 작은 일이라도 모든 직원들에게 알려서 축하하고 즐기는 시간을 자주 갖는다. 실제로 심리학적 관점에서 소소한 것에 대한 축하는 실제로 긍정정서를 고취시키는 아주 좋은 방법이다.

눈부신 성장을 보이는 기업이 아니더라도 결과물이 좋은 연구실의 문화를 살펴보면 팀원들이 미팅을 시작할 때 개인적인 소식이나 업무와 관련하여 축하할 일이 있는지 서로 이야기하면서 회의를 시작하는 것이 특징인 곳이 많았다. 신기하게도, 일상적으로 소소한 축하를 자주 나누다 보면 더 축하할 일들이 많이 생기기도 한다. 그리고 서로 축하해줄 일을 만들기 위해서라도 더 열심히 일하게 된다.

마지막으로 당부하고 싶은 것은 긍정정서가 중요하다고 해서 '우리 직원들이, 혹은 내가 행복해야 한다'는 생각이 심리적 부담

이 되지 않도록 주의하는 것이다. 내가 기분이 좋지 않을 땐, 그 나름의 이유가 있을 것이다. 긍정정서를 보다 잘 느끼려면, 내가 상황에 따라 느끼는 부정정서도 적절하게 수용할 줄 알아야 한다.

최근 직장인들과 '행복'에 대한 이야기를 나눌 기회가 있었다. 아이러니하게도 일터에서 '강요된 행복'에 부담감을 느끼는 이들도 있었다. 회사에서 정한 행복 수업을 필수적으로 몇 시간 이상 들어야 하고, 팀장들의 성과지표에 직원들의 행복지수가 반영되기도 했다. 이런 경우에는 행복해야 한다는 압박감이 오히려 직원들에게는 스트레스로 다가오는 역설적인 상황이 발생할 수 있다. 직원의 행복이 기업의 생산성을 높이는 효과가 있지만, 우리 기업의 생산성을 높이기 위해 구성원이 행복해야 한다면 그것은 주객이 전도된 것이다. 일터에서 행복을 키우려는 좋은 의미도 퇴색될 수 있다. 강요된 행복은 밝은 에너지의 힘을 발휘할 수 없다는 사실을 기억하자.

긍정정서를 높이며 일하는 방법

기업의 입장에서 직원의 긍정정서를 높이기 위해 노력할 수 있는 영역이 분명히 있다. 그러나 개인은 기업이 먼저 긍정정서를 높여주기만을 수동적으로 기다릴 수는 없다. 스스로 긍정정서를 높이기 위해 할 수 있는 것을 적극적으로 찾는 자세가 더욱 중요하다.

"당신은 행복한가요?"라는 질문을 자기 자신에게, 같이 일하는 동료 직원들에게 얼마나 자주 하는가? 이런 질문이 현실과 동떨어진 질문이라고 생각하거나 민망하고 어색하게 느껴지는가?

앞에서 소소한 감사를 표현하는 방법을 소개했다면, 감사할 거리를 스스로 인지하는 연습도 필요하다. 일상에서 일어나는 소소한 일이라도 감사히 여기는 자세를 길러보자. 예를 들어 오늘 하루 소소하지만 운이 좋았던 순간을 떠올려보는 것이다. 복잡한 주차장에서 운 좋게 주차할 곳을 발견했다거나 경비원 아저씨에게 인사를 건넸더니 친절하게 인사를 받아주었다는 것 등 일상에서 무심코 지나칠 수 있는 소소한 감사 거리는 넘쳐난다.

스스로 긍정정서를 높이는 또 다른 방법은 과거에 내가 일하면서 집중이 잘 안될 때 잠시라도 기분이 좋아지게 만든 것은 무엇이었는지 생각해보고 그것을 하루에 15분씩이라도 실천하는 것이다. 명상하기, 음악 듣기, 걷기, 좋아하는 동료나 친구와 이야기하기 등 다양한 활동이 긍정정서를 높이는 데 도움이 된다. 개인 상담을 진행하다 보면, 의외로 자신이 어떤 활동을 할 때 기분이 좋아지는지 모르는 사람이 많아 놀랄 때가 많다. 각자의 기분이 좋아지는 요소는 사람마다 다르기 때문에 이를 먼저 파악하는 것이 매우 중요하다.

※스스로 긍정정서를 높일 수 있는 5단계 실천법

1. 내가 무엇을 할 때 기분이 좋아지는지 생각해본다.

2. 기분이 좋아지는 활동 리스트를 작성한다.

    예시: 명상하기, 음악 듣기, 가벼운 운동하기, 산책하기, 친한 동료와 대화하기

3. 작성한 리스트를 잘 보이는 곳에 두고 자주 본다.

4. 하루에 15분만 투자하여 리스트에 있는 활동을 하나씩 해 본다.

5. 무엇보다 당신에게는 스스로 행복하게 할 수 있는 힘이 있다는 것을 늘 명심하자.

SIGNATURE

4장

내가 하는 일에
가치를 부여하는 힘
– 잡 크래프팅

Job Crafting(Amy Wrzensniewski&Jane Dutton)

**"이익보다 한 차원 더 높은 조직의 목표는
이익 추구를 더 보람 있게 만들고 일의 의미를 완전히 바꾸어놓는다."**

– 로버트 퀸(Robert E. Quinn) 미시건대 교수 & 앤전 태커(Anjan V. Thakor) 워싱턴대 교수

『카라마조프 가의 형제들』로 잘 알려진 러시아의 문호 표도르 도스토예프스키는 '인간에게 가장 끔찍한 벌은 평생 아무런 의미 없는 일을 하도록 만드는 것'이라고 말했다. 하는 일이 힘들어도 그것이 의미 있는 일이라면 신나게 할 수 있지만, 의미가 없다면 일은 형벌처럼 나를 짓누를 수도 있다.

앞서 우리는 직장에서의 행복감과 만족감에 대해 이야기했다. 직원들의 '웰빙 Well-being'을 이야기할 때 주로 언급되는 것이 행복 감이다. 그런데 웰빙이 꼭 행복감을 의미하는 것만은 아니다. 웰 빙이라는 말의 철학적 뿌리를 살펴보면 크게 두 가지로 나뉜다.[24]

하나는 '헤도닉 웰빙 Hedonic Well-being'이고 다른 하나는 '유다이모닉 웰빙 Eudaimonic Well-being'이다. 헤도닉 웰빙은 다른 말로 '주관적 웰빙'이라고 부른다. 우리가 흔히 말하는 행복감, 만족감, 기쁨과 같은 긍정정서를 뜻한다. 한편 유다이모닉 웰빙은 다른 용어로 '심리학적 웰빙'이라고 하며 일의 의미, 자율성, 자기 성장, 자기 수용, 삶의 목적 등을 뜻한다.

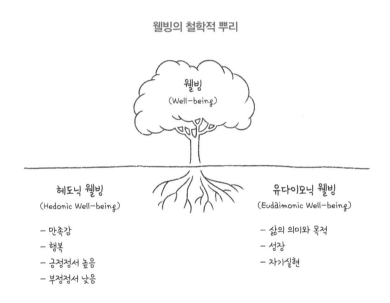

웰빙의 철학적 뿌리

지금까지는 조직에서 행복, 직업 만족도 등과 관련 있는 헤도닉 웰빙의 관점이 상대적으로 더 주목을 받았다. 하지만 점점 내가 하는 일의 의미에 대해 질문하고 고민하는 사람이 증가하고 있다. 특히 앞으로는 인공지능이 많은 일자리를 대체하면서 사람들은 점점 내가 하는 일이 무슨 의미가 있고, 사회적으로 어떤 영향을 미치는지에 대한 질문을 하면서 유다이모닉 웰빙의 중요성은 높아지고 있다.

특히 밀레니얼 세대는 직장을 선택할 때 연봉이나 복지 못지않게 자신의 할 일이 가치 있고 의미 있는 일인지에 대한 관심이 높다고 알려져 있다. 일을 하다가도 의미 있는 일이 아니라고 판단하면 과감히 퇴사를 고려하기도 한다. 일터에서 공유되는 가치, 우리가 만들어가려는 일의 의미가 점점 더 중요해지는 것이다. 내가 하는 일의 의미를 스스로 납득할 수 있어야 동료들과 팀원들에게 일의 이유를 설득할 수 있고 내가 추구하고자 하는 가치와 방향성을 공유할 수 있다. 또, 리더와 조직원 사이에 일의 의미와 가치가 공유된다면 불확실성이 점점 커지는 상황에서 예상치 못한 어려움을 만나더라도 끝까지 문제를 해결할 수 있는 힘이 생긴다.

나의 일을
상위목표와 연결하여 확장시켜라

기업마다 공유하고 있는 가치는 다르지만 저마다의 상위목표가 존재한다. 가령 타인의 행복과 편리함을 증진시킨다거나 사회적으로 의미 있는 일을 추구하는 것처럼 단순한 이익 창출을 넘어서는 뚜렷한 상위목표, 즉 미션 mission이 존재한다. 기업의 미션이란 궁극적으로 어떤 사회적 가치에 기여하고, 사회적 이익을 얼마나 창출하고 있는지에 대한 것이다. 사회적 가치와 이익 창출은 분야에 따라 달라질 수 있는데 고객의 건강 증진, 금융 서비스의 개선, 환경 문제 해결 등이 될 수 있다. 우리가 잘 알고 있는 애플 Apple은 '컴퓨터의 개인화'를 통해 중앙에 집중된 정보와 지식을 민주적으로 분산한다는 상위목표를 가지고 있었다.

명확한 상위목표가 직급과 관계없이 조직 내에 공유된다면 구성원들은 프로젝트 제안서를 쓰고, 프로그램을 개발하는 일상의 작은 업무를 보다 높은 목표와 연결할 수 있게 된다. 거기에서 일의 의미가 생기고 일을 신나게 할 수 있는 활력이 생기게 된다.

금융 혁신 서비스를 만들어가고 있는 토스의 이승건 대표도 뚜렷한 상위목표를 가지고 이를 구성원들과 밀접하게 공유하는 것으로 유명하다. 토스의 궁극적인 목표는 '금융 혁신을 통해 세상을 더 나은 곳으로 만들겠다'이고 그 뜻을 전 직원이 공유하는 것이 재무제표상에는 드러나지 않는 토스의 핵심 성장 동력이었다.

상위목표가 가지는 힘은 비단 혁신적인 서비스를 제공하는 기업에만 해당하는 이야기는 아니다. 실제로 다양한 이론과 경험적 연구들도 상위목표의 힘을 증명하고 있다. 많은 진로심리학의 연구 결과에서 단순히 경제적 이득을 위해서가 아니라 보다 높은 목표 의식을 가지고 일하는 경향성이 높은 사람일수록 직업 만족도[25]와 삶의 만족도[26]가 높다고 보고하고 있다.

나는 서울 근교의 중고등학교 교사 328명을 대상으로 일에서 경제적인 목적을 넘어 한 단계 더 높은 목표나 의미를 추구하는 소명 의식이 직업 효능감과 직업 만족도, 삶의 만족도에 어떠한 영향을 미치는지 살펴보는 연구를 진행한 적이 있다. 그 결과, 일을 경제 수단으로만 보지 않고 높은 목표 의식을 가지고 일하는 사람일수록 자신의 업무 능력에 대한 신뢰도와 일과 삶에 대한 만족도가 높다는 것을 확인할 수 있었다.[27] 그뿐만 아니라 『포지티브 혁명』에 의하면 내가 하는 일이 의미 있다고 느끼며 일하는 집단의 업무 성과는 그렇지 않은 집단보다 훨씬 높다고 한다. 리더와 구성원이 함께 세상을 더 나은 방향으로 바꾸고 있다는 강한 믿음이 실제 업무 성과나 조직의 성장에 강력한 영향력을 끼치고 있는 것이다. 함께 꾸는 꿈의 크기가 클수록 그 조직의 힘은 세진다.

일터에서 일의 의미를 찾는 방법

조직의 관리자들은 구성원들이 충분히 의미를 발견하며 일하고 있는지 관심 있게 살펴볼 필요가 있다. 소명 의식과 일의 의미는 무엇보다 개인의 가치관과 가장 밀접하게 연결된 영역이다. 이미 형성된 가치관은 쉽게 바뀌지 않기 때문에 구성원을 뽑을 때부터 기업이 추구하는 가치와 일치하는 방향에서 일의 의미를 찾는 사람을 뽑는 것이 중요하다.

이를 위해서는 지원자들이 회사가 추구하는 가치, 즉 미션을 잘 알고 지원할 수 있도록 회사소개란에 분명하게 명시해놓는 것이 도움이 된다. 사람을 뽑은 후에는 그들이 하는 업무의 중요도가 낮더라도 기업 전체의 미션과 연결된 의미 있는 일이라는 걸 느끼게 해주어야 한다. 일에서 의미를 발견할 수 있도록 도와주는 워크숍이나 세미나를 개최하는 것도 방법이다. 그런데 이런 세미나도 일회성이라면 효과가 미미하다. 적어도 5번[28]이상 연속성을 가지고 진행해야 효과가 있다는 연구 결과도 있다. 상담심리 분야에는 성인을 대상으로 일의 의미를 인식하도록 도와주는 프로그램이 있다.[29] 이런 내용을 참고해 세미나 프로그램을 기획하는 것도 도움이 될 것이다.

미국의 조직심리학자 애덤 그랜트는 구성원들에게 일터에서 자신이 하는 일의 의미를 느끼게 하는 가장 효과적인 방법은 최종 소비자를 만나게 해주는 것이라고 했다.[30] 실제로 애덤은 미시간대 콜센터에서 근무하는 직원을 대상으로 연구를 진행했다. 이 콜센터에서는 졸업생들에게 전화를 걸어 기부금을 모으는 일을 하는데, 좁고 열악한 공간에서 전화를 돌리면서 문전 박대를 당하는 등 감정노동에 시달리고 있었다. 자신들이 하는 일의 의미에 대해서는 생각해볼 여유가 없었다.

애덤은 이 직원들을 임의로 세 그룹으로 나누었다. 먼저 A그룹에게는 콜센터를 통해 모은 기부금 덕에 장학금을 받은 학생을 초대해서 직접 만나게 했다. 학생은 그 장학금이 자신의 인생을 얼마나 크게 변화시켰는지 이야기하면서 직원들에게 감사를 전했다. B그룹은 장학금을 받은 학생을 직접 대면해 이야기를 듣는 대신 서면으로 감사 편지를 받았다. C그룹은 장학금을 받은 학생과 아무런 접촉을 하지 않았다. 그 결과 학생을 직접 만나서 이야기를 들은 A그룹의 통화 시간은 142퍼센트 증가했으며, 모금액은 171퍼센트 증가했다.

이 연구 결과는 무엇을 의미하는가? 우리가 하는 일이 어떤 긍정적인 영향을 미치고, 무엇을 변화시키는지, 직접 느끼면 일의 동기부여와 몰입감, 만족도가 크게 올라간다는 사실이다. 따라서 조직에서는 직원들에게 일의 의미를 전달할 때 말로만 일장 연설을 하기보다는 직원들이 직접 소비자를 만나 자신이 하는 일의 의미를 체감할 수 있도록 하는 것이 훨씬 더 효과적이다. 예를 들어, 연말 행사에서 기업의 혜택을 받고 고마워하는 고객들을 초청해서 이야기를 들을 수도 있고, 직접적으로 소비자의 반응과 피드백을 듣는 행사를 정기적으로 개최할 수도 있다.

일터에서 몰입도와 행복감을 높이고 내가 더 나답게 일할 수 있도록 도와주는 일의 의미는 산업화 시대의 분업화 구조에서는 발견하기 힘들었다. 우리가 하는 일을 전체적으로 조망할 수 있고, 일의 결과물이 사람들과 세상에 긍정적인 변화를 만들어가는 것을 생생히 목격할 수 있을 때 우리의 심장은 다시 뛴다.

스스로 일의 의미를 더하는 잡 크래프팅

그렇다면 개인이 일터에서 의미를 느끼며 일하기 위해선 무엇을 할 수 있을까? 우선 자신이 일을 할 때 추구하는 의미와 방향성이 무엇인지 명확하게 하는 것이 중요하다. 그 후에 '잡 크래프팅 Job crafting'이라는 개념을 적용해볼 수 있다. 잡 크래프팅이란 자신에게 주어진 업무를 스스로 재단하고 변화시켜서 자신에게 최적화하는 물리적, 인지적 활동을 말한다.[31] 관리자에게 주도권이 있는 워크 디자인 Work design이나 잡 디자인 Job design과 달리 잡 크래프팅은 직원이 주도적으로 의견을 제시하여 자신의 일의 영역이나 의미를 스스로 변화시키는 것이다.

잡 크래프팅은 자율성이 높은 특정 직업군에만 해당하는 개념이 아니다. 그러나 안타깝게도 단순하고 기계적인 일을 하거나 저임금의 서비스직에 종사하는 사람들은 잡 크래프팅을 아예 시도조차 하지 않는 경향이 있다. 잡 크래프팅을 소개한 예일대학교

경영대학 에이미 프제스니에프스키 Amy Wrzesnieski 교수의 말에 따르면 자기 일에 의미를 부여하는 행위는 모든 직업군에서 가능하다.

현재 UC버클리대학에서 경영학 교수로 재직 중인 모튼 한센 Marten Hansen 도 『아웃퍼포머』라는 저서를 통해 이를 뒷받침하는 연구를 소개한다. 약 5,000명을 대상으로 조사한 결과 금융업, 의료업, 소매업, 운수업, 제조업까지 정도의 차이는 있었으나 어느 업종이든 자신이 하는 일이 의미가 있고 사회 발전에 기여한다고 생각하는 사람들이 상당수 존재했다. 내가 어떤 직업군에 속해있든 일터에서 일을 더 의미 있게 만들고, 일 정체성을 높이는 건 나의 선택에 달려 있다.

개인이 실천할 수 있는 잡 크래프팅을 위한 5단계 실천법을 소개한다.

※잡 크래프팅을 위한 5단계

1. 현재 하는 일이 내가 궁극적으로 추구하는 의미(가치)와 어떤 관계를 맺을 수 있는지 그 연결 지점을 찾아보자. 그 영역에서 기회를 만드는 것이 잡 크래프팅의 시작이다.

2. 1번에서 발견한 연결 지점의 영역을 기준으로 내 권한 안에서 프로젝트나 일의 범위를 조정해본다.

3. 2번까지의 활동이 부족하다고 느껴지면, 주어진 역할 안에서 내 일을 바라보는 시각을 벗어나 스스로 의미를 부여할 수 있

는 영역으로 활동을 확장해보자. 또는 이런 역할을 역으로 상
사나 동료에게 제안해볼 수도 있다.

4. 잡 크래프팅 활동을 하면서 다양한 시각에서 자신의 일을 재
정의해보고 주변에도 구체적인 피드백을 구해본다. 이런 과
정을 통해 자신의 정체성과 일의 일치도를 높여나간다.

5. 필요한 경우에는 다양한 사람들과 함께 일할 수 있도록 관계
에 변화를 주거나 상호작용하는 방법에 변화를 준다.

잡 크래프팅의 실제 사례를 들어보자. 미국 디즈니랜드에는 '커
스토디얼 Custodial'이라는 청소 스태프가 있다. 커스토디얼은 단순
히 디즈니랜드의 쓰레기를 치우는 일만 하지 않는다. 손님들이 볼
수 있도록 바닥에 청소 도구로 미키마우스, 구피 등 디즈니 캐릭
터를 그리며 손님들에게 기쁨을 주는 역할도 하고 있다. 자신이
하는 일을 디즈니랜드가 추구하는 가치인 '고객에게 즐거움을
준다'에 부합하도록 새롭게 정의했기 때문에 가능한 행동이다.
이들은 평소에 '어떻게 하면 편하게 일할까'에 초점을 맞추기보
다 '어떻게 하면 고객들에게 최고의 즐거움을 주는 환경을 제공
할까'를 생각하면서 일에 대한 정체성을 스스로 만든다. 이들은
누구보다도 일에 자부심을 가지고 있고, 디즈니랜드에 방문한 사
람들도 커스토디얼은 디즈니랜드에서 없어선 안 되는 존재로 여
긴다.

디즈니랜드의 사례와 같이 우리가 어떤 일을 하든 잡 크래프팅을 시도할 수 있다. 우선 내가 추구하고자 하는 핵심 가치와 일의 의미가 무엇인지 명확히 이해하는 것이 필요하다. 그 다음 내가 하는 일에 그 의미와 가치를 어떻게 반영할 수 있을지 고민해야 한다. 만약 내가 하는 일에 변형이 필요하다면 일의 종류나 영역을 바꿔볼 수 있다. 변형을 위한 방법을 찾아보거나 디즈니랜드 커스토디얼의 사례처럼 하는 일의 의미를 더 높은 차원으로 재정의할 수도 있다.

일터에서 내가 하는 일에 의미를 발견하면서 일하고 싶다면, 내 일을 다른 사람의 시각이 아닌 나의 가치와 정체성에 비추어 재정의하는 주체적인 과정이 필요하다.

SIGNATURE

5장

시그니처를 키우는 장소의 비밀
– 기회와 행운의 공간

Social Cognitive Self-Regulation Theory(Barry Zimmerman)

"여행과 장소의 변화는 정신에 활력을 준다."

– 루키우스 안나이우스 세네카(Lucius Annaeus Seneca), 고대 로마 정치인

일을 하다 보면 유난히 일이 더 잘되는 공간이 있다. 이런 이유로 우리는 집중해서 일하거나 공부할 일이 있으면 도서관을 찾기도 하고, 중고등학생 때는 독서실에 가기도 했다. 집에서도 할 수 있는 기도를 하기 위해 성당이나 교회에 찾아가는 것도 같은 이유에서다. 어떤 일을 할 때 특정한 공간이 집중에 도움을 주기 때문일 것이다.

공간은 공간 이상의 힘을 가진다. 겉으로는 잘 보이지 않을지라도 우리의 심리 자산을 활성화하는 데는 공간이 큰 영향을 미친다. 실제로 공간이 주는 심리적 효과에 주목한 뇌과학자들과 심리

학자들이 관련 연구를 진행해오고 있다. 그중 미네소타대학 경영대 연구팀은 일하는 공간의 층고가 사람의 사고력에 어떠한 영향을 미치는지에 대해 연구했다. 그 결과 층고가 높은 곳에서 작업을 했던 사람들이 층고가 낮은 곳에서 있었던 사람들보다 창의적이고 추상적인 생각을 2배 넘게 많이 했다는 사실을 밝혔다.[32]

또한 녹색 식물이 많은 곳에서 일하는 사람들이 정신적으로 더 높은 행복감과 심리적 안전감을 경험한다고도 알려져 있다.[33] 자연 친화적인 업무 환경은 심리적 안전감과 행복감뿐만 아니라 일에 대한 몰입도와 생산성을 높이는 데 효과가 있다고 한다. 또한 요즘에는 밖이 잘 보이는 통유리로 된 회의실이 많은데, 이는 정보의 흐름을 최대한 많이 개방하고 공유하려는 기업의 가치를 드러내는 공간 디자인이기도 하다.

이처럼 공간이 주는 효과에 대해 고민하고 사무 공간을 변화시키기 시작한 것은 그리 오래된 일은 아니다. 산업화 시대를 벗어나면서 일하는 방식의 변화와 함께 '일하는 공간'에 대해서도 의문을 가지면서 다양한 논의가 생기기 시작했다. 기존의 일하는 공간은 전형적인 틀이 정해져 있었지만 새로운 아이디어, 혁신적인 서비스와 기술을 창조하는 것이 중요해진 시점에 일하는 공간도 이에 맞추어 변화가 필요하기 때문이다.

일하는 공간에서 경험하는 공간으로

우리가 일하고 있는 사무실의 풍경을 한번 살펴보자. 아직 대다수의 사무실은 가림막에 막혀 주어진 업무에만 집중할 수 있는 최적의 상태로 설계되어 있다. 산업화 시대에 공장에서 분업하던 구조를 사무실로 옮겨온 꼴이다. 물론 업무에 따라 이런 공간이 필요할 수 있다. 하지만 AI 시대를 살고 있는 지금, '당연히 사무실은 이래야 해'라는 목적성과 당위성에서 조금 탈피해 일하는 공간에 대해서도 재정의가 필요하지 않을까? 인공지능에 대체되지 않는 일을 하고 싶다면, 시그니처를 발현하는 일을 하고 싶다면 내가 다양한 공간에 대한 욕구가 있다는 것을 전제로 나의 정체성을 느끼게 해주는 공간이 이상적인 일터가 될 것이다.

'꼭 일터에서만 일해야 하는가'에 대한 질문을 던질 수도 있다. 일하는 공간이라는 개념은 이제 '특정 건물 안의 내 책상'이 아니라 '내가 업무를 가장 잘할 수 있는 공간'으로 그 의미가 바뀌고 있다. 실제로 대기업에서는 신사업 팀을 공유 오피스에서 일하도록 파견하는 사례도 증가하고 있다. 업무 유형에 따라 소비자를 직접 관찰할 수 있는 공간에서 일하는 것이 유리할 수도 있고, 때에 따라 재택근무를 하는 것이 가장 효율적일 수도 있다.

협업에 활용할 수 있는 다양한 기술과 서비스가 개발되면서 일하는 공간의 확장은 계속되고 있다. 실리콘밸리 본사에 직장이 있지만 실리콘밸리의 집값이 너무 비싸서 에어비앤비 서비스를 이용해 다른 주, 다른 나라에 한 달씩 거주하는 사람도 있다. 업무는 원격 채널을 활용해서 한다. 이런 세태는 미국의 IT 회사뿐 아니라 전 세계적으로 증가하고 있다. 유목민처럼 자유롭게 이동하면서 일하는 '디지털 노마드 digital nomad'라는 개념도 비슷한 맥락이다. 이제 노트북만 있으면 전 세계 어디든 나의 일터가 될 수 있다.

일의 미래를 준비하는 조직과 개인은 일하는 공간에 대한 개념을 확장할 필요가 있다. 이미 공간은 '무엇을 하기 위한 곳'에서 '무언가를 경험하는 곳'으로 의미가 바뀌고 있다. 인공지능에게 대체되지 않는 일을 하고 싶고, 우리가 추구하는 일이 '인간다움에 바탕을 둔 새로운 아이디어와 혁신'을 향하고 있다면 더욱 그렇다.

내가 좋아하는 독일어 중에 '슈필라움 spielraum'이라는 말이 있다. 슈필라움은 우리말로 정확히 옮기기는 힘들지만, '놀이'와 '공간'을 함께 섞어놓은 개념이다. 즉, 물리적 공간이긴 한데 심적으로 편안하고 여유가 느껴져서 하루 종일 머물러도 편안할 뿐만 아니라 새로운 도전을 시도하기 좋은 공간이라는 의미이다. 우리는 일하는 순간순간 기계가 아닌 인간이라는 사실을 느끼고 경험하게 해줄 공간, 나만의 슈필라움을 찾아야 한다. 바로 이 슈필라움이 미래의 일하는 공간이 추구하게 될 철학이 될 것이다.

뜻밖의 기회와 운을 창조하는 공간

'레드테이블'은 IT 기술을 외식업계에 접목해 외국인들에게 우리나라의 레스토랑 정보를 주는 모바일 플랫폼이다. 도해용 대표의 초기 창업 아이디어는 어떻게 시작되었을까? 그는 외식경영학을 전공하며 대학원에 다니던 시절 학교에서 우연히 컴퓨터 공학을 전공하는 교수를 만나 같이 식사를 하게 되었다. 그때 도해용 대표는 자신이 가진 사업 아이디어를 이야기했는데 마침 그 교수도 빅데이터 기술을 다른 산업에 접목해보고 싶은 생각이 있었다. 그래서 협업을 해보자고 제안했고 현재의 레드테이블이 탄생하게 되었다.

2부에서 시그니처 인터뷰에 참여한 리더들은 공통적으로 우연한 기회의 순간을 경험했다고 말했다. 세렌디피티는 '계획된 우연'에서도 나온 개념으로 실제로 새로운 사업 아이디어를 떠올리거나 창업하는 과정에는 뜻밖의 행운 혹은 우연이 많이 작용한다고 설명했다.

그런데 공간은 뜻밖의 행운 혹은 기회가 활성화되도록 돕는 역할을 한다. 특정한 공간에서 우연한 기회로 사람을 만나서 생각하지 못했던 부분에 대한 통찰력을 얻기도 하며, 꼭 필요한 자원을 찾는 경우도 있다. 사실 공간에 생명력을 불어넣는 것은 그 공간을 채우는 사람의 힘이 크다. 어떤 사람들이 모여 어떤 시너지 효과를 일으키는지가 공간의 핵심 요소다.

우리에게 잘 알려진 스티브 잡스 Steve Jobs는 특히 직접 만나서 얘기하는 대면 회의를 중요하게 여겼던 것으로 유명하다. 그는 창의성은 즉흥적인 회의와 우연히 이루어지는 토론에서 시작된다고 말하면서 이메일과 채팅을 통한 소통의 한계를 지적했다. 야후Yahoo의 CEO였던 마리사 메이어 Marissa Mayer도 재택근무가 일하는 공간을 선택하는 선택지 중 하나가 될 수 있지만, 혁신적인 아이디어와 창의적인 생각은 우연히 복도나 카페에서 새로운 사람들과 이야기를 할 때, 즉흥적으로 열린 작은 회의를 통해서 탄생하는 경우가 많다고 강조한다.

이러한 배경으로 위워크Wework나 패스트 파이브Fast Five 같은 공유 오피스는 일하는 시간 동안 우연한 기회의 빈도를 높일 수 있도록 설계되었다.³⁴ 일하는 공간을 재정의하고 디자인하면서 공간에 변화의 바람을 불어넣고 있다. 각 층에는 음료수, 커피, 간식, 맥주 등을 배치해서 자유롭게 다양한 분야의 사람들이 어울릴 수 있는 공유 공간을 마련하였다. 공유 공간에서 자연스러운 접촉의 기회가 생기도록 디자인한 것이다. 이곳에서 다양한 구성원이 참여할 수 있는 이벤트도 기획하여 다른 층에서 일하는 다른 분야의 사람들이 소통할 수 있는 기회를 만든다. 우연이 기획된 공간에서 다양한 콘텐츠와 다양한 배경의 사람들의 교류를 통해 각자 통찰력과 관점의 확장을 경험할 수 있도록 노력하고 있다.

낯선 장소에서 나오는 혁신의 아이디어

결국 혁신이나 새로운 아이디어, 통찰력은 익숙하게 바라보던 것을 어떻게 새로운 시각에서 바라볼 수 있는가에 달렸다. 그래서 익숙함에서 벗어나려는 시도가 중요하다. 그런 의미에서 여행은 아주 효과적인 방법이다. 더 나아가서는 아예 다른 문화권에서 살아보는 것도 좋다. 낯선 공간에서는 그동안 당연하다고 믿었던 것들이 당연하게 받아들여지지 않는 색다른 경험을 할 수 있다. 자동차 운전석의 위치가 바뀌고, 교통 신호 체계가 달라진다. 인사를 나누고 소통하는 방식도 달라진다. 이런 경험들을 통해 익숙했던 것에 의문을 품게 되고 비로소 새로운 관점과 아이디어가 탄생할 수 있다.

그러나 여행을 자주 가거나 해외에서 살아보는 경험이 쉽지 않은 것이 현실이다. 그렇다면 일상 속에서 여행과 유사한 경험을 하는 방법은 없을까? 공간이 가지고 있는 유용한 힘을 잘 활용하기 위해 우리가 아주 간단하게 시작할 수 있는 일들을 알아보자.

> ※일상에서 낯선 경험을 통해 창조적인 아이디어를 이끌어내는 법
>
> 1. 우리가 일하는 공간에 대해 '왜 이래야만 할까?'라는 질문을 던져보고 변화를 시도해보자. 우리가 일하는 공간이 원래 그랬던 것도 아니고, 꼭 그래야 하는 것도 아니다.

2. 나를 새로운 공간과 사람들에게 노출시켜보자. 늘 가던 곳, 늘 만나던 사람들이 아닌 잘 가지 않던 곳, 잘 만나지 않은 분야의 사람들과 만나면 새로운 관점을 접하는 데 도움이 된다.

3. 인지심리학적으로 부교감 신경이 활성화되면 훨씬 더 유연하고 창의적으로 생각할 수 있다. 일하는 공간에 우리의 부교감 신경 활성화에 도움이 되는 물건을 한 개 이상 놓아보자. 작은 화분이나 꽃, 그림, 자연이 담긴 사진도 좋다. 사람은 사람과의 소통을 통해서만 영감을 받는 게 아니다.

혁신은 저절로 생기는 것도 아니고, 지시한다고 만들어낼 수 있는 것도 아니다. 자연스럽게 창의적인 아이디어가 창출될 수 있는 분위기를 만드려는 노력이 필요하다. 두뇌를 특히 많이 쓰는 집단이라면 뇌의 피로를 줄여주고 부교감 신경을 활성화할 수 있는 공간과 환경을 제공하는 것이야말로 혁신에 한걸음 다가가는 방법이다.

과거에 일하는 공간은 우리의 사고를 제한하여 기계적으로 일하기에 최적화된 곳이었다. 미래에 일하는 공간은 우리의 사고와 경험을 확장할 수 있는 곳이어야 한다. 또, 나라는 인간이 기계가 가지지 못한 창의적 사고를 할 수 있는 고유한 존재 being라는 것을 느끼고 경험하는 곳이어야 한다. 그것이 바로 우리의 시그니처를 만들어갈 공간의 비밀이다.

다양성을 키우는 시스템
– 생태학 모델

Ecological Model(Urie Bronfenbrenner)

> "모든 사람이 입을 맞춰 똑같이 노래를 부른다면
> 그 노래의 가사는 아무런 의미도 지니지 않는다."
> – 스태니슬로 렉(Stanislaw Lec), 폴란드 작가

 일터에서 자기다움, 즉 시그니처를 발휘할 수 있는 핵심 바탕에는 '다양성'에 대한 존중이 필수적이다. 다양성이라는 키워드는 탈산업화와 함께 우리의 일상과 일터, 지역 사회와 국가 차원에서도 중요한 주제로 자리 잡고 있다. 이번 장에서는 사회가 주는 고정관념에서 벗어나 자기다움을 키울 수 있는 개인, 그리고 환경과 시스템에 대한 생각을 나눠보고자 한다. 개인이 의식하든 의식하지 못하든 주변 환경과 문화의 신호에 영향을 많이 받고, 그 외부적 메시지에 의해 자기 자신을 규정해버리는 경우가 많기 때문이다.

 내가 박사과정 때 진로상담센터에서 여러 나라 학생들의 진로

컨설턴트로 일하고 있을 때였다. 한 학생이 취업과 관련된 불안과 우울 증상을 호소하며 상담을 요청했다. MBA 과정을 밟고 있는 로이라는 대만 학생이었는데 취업에 계속 실패하고 있었다. 반복되는 취업 실패로 취업에 성공한 동료에 비해 자신을 능력이 부족한 실패자로 여기며 자존감이 바닥까지 떨어진 상태였고 초기 우울 증상까지 있었다.

나는 일단 컨설팅을 위해 학생에게 이력서를 요청했다. 이력서를 보는 순간 나는 눈이 휘둥그레졌다. 이 학생의 경력과 성적은 상위 10퍼센트로 매우 뛰어났고 영어 실력도 원어민 수준이었던 것이다. 인터뷰 스킬이나 비즈니스 매너 등에서도 훈련이 잘된 부족함 없는 지원자였다. 그런데 오히려 그녀보다 스펙이 낮은 동기들은 이미 취업을 했거나 합격 통지를 받은 상황이었다. 정말 로이는 그의 말처럼 동기들보다 능력이 부족해서 취업에 실패한 것일까?

이에 대한 답을 찾는 데 도움을 주었던 것이 바로 생태학 모델이다. 생태학 모델[35]이란 개인은 다양한 층위의 시스템이 둘러싸여 있는데 직접적으로나 간접적으로 외부의 환경에 다양한 영향을 받는다는 것을 시각적으로 잘 보여주는 모델 중 하나이다. 나는 이 모델이 꼭 양파의 잘린 단면 같이 보여서 학생들이 기억하기 쉽도록 '양파 이론'이라고도 부른다.

그림을 보면 가장 중심에 개인이 있다. 개인을 둘러싸고 있는

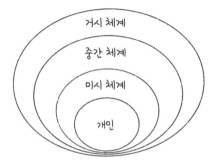

생태학 모델(Ecological Model)

거시 체계

중간 체계

미시 체계

개인

시스템은 개인에게 직접적인 영향을 끼치는 가족, 친구, 직장 동료와 상사, 학교 등 마이크로 시스템^{Microsystem} 혹은 미시 체계에 해당한다. 미시 체계를 둘러싸고 있는 중간 체계는 메소 시스템^{Mesosystem}으로 마이크로 시스템의 두 요소가 서로 영향을 주고받는 것을 뜻한다. 예를 들어, 부모님과 학교 선생님의 상호작용이나, 가족들 간의 상호작용을 통해 영향을 받는 것을 의미한다. 마지막으로 직접 보이지 않지만 개인에게 영향을 미치는 법이나 규제, 비자 문제, 국가 간 분쟁, 한 국가의 가치, 세계 경제 등이 거시 체계로 매크로 시스템^{Macro system}에 해당한다.

　이 이론을 로이의 사례에 적용해보면, 로이가 겪는 문제는 단지 개인의 문제가 아니라 거시 체계(매크로 시스템)의 영향을 받고 있을 가능성이 컸다. 바로 취업 비자 문제가 원인이었다. 미국에서 취업 비자를 받으려면 절차가 복잡하고 회사의 지원이 필요하다.

그가 지원한 회사를 잘 살펴보니, 외국인을 고용한 경험이 없는 회사가 대부분이었다. 그러니 외국인 고용 절차를 잘 모르고, 문화적인 민감성이 높지 않을 가능성이 컸다.

그런데 문제는 로이가 취업을 가로막는 결정적인 원인이 비자 문제라는 것을 모른 채 자신의 능력 부족을 탓하며 자신감을 잃었다는 점이다. 그를 둘러싼 시스템이 문제의 원인이라는 걸 파악했지만 당장 비자 문제를 해결할 수는 없는 노릇이다. 현실적으로 그가 할 수 있는 일을 알려주는 게 내 일이었다.

우선 문제의 원인이 자신의 능력이 부족해서가 아님을 인지하도록 했다. 자신감 회복이 1순위였다. 그 다음엔 외국인 직원 비율이 높은 회사 리스트를 뽑은 다음 전략적으로 지원하도록 도와주었다. 결과는 다행히도 성공적이었고, 그는 원하는 곳에서 일을 시작할 수 있었다. 각종 불안 증상과 초기 우울증도 자연스럽게 개선되었다.

고정관념에서 벗어나 자기다움을 찾는 법

우리도 로이처럼 시스템의 문제를 개인의 탓으로 여기고 좌절에 빠져 있지 않은지 질문을 던져볼 필요가 있다. 만약 이 학생의 문제를 시스템의 관점에서 바라보지 않고 개인의 문제로 치부했다면 해결하기 어려웠을 것이다. 스펙을 아무리 높여도 해결할 수 있는 문제가 아니었기 때문이다. 로이의 사례는 비자 문제였기 때문에 비교적 쉽게 환경 시스템이 원인이었음을 파악할 수 있었다. 그런데 우리가 스스로를 이해하고 일을 선택하는 과정에서는 눈에 보이지 않는 사회적 고정관념에 많은 영향을 받는다. 예를 들어 IT 분야와 스타트업 분야, 기업의 임원 비율을 보면 현저히 남성의 비율이 여성보다 높다. 심리학자들은 이 현상을 단순히 개인의 선호나 능력으로부터 오는 차이의 관점으로 이해하지 않는다. 학교와 사회에서 받는 다양한 메시지과 고정관념 때문에 몇몇 직업군에서 개인이 자신의 능력을 왜곡하거나 제한하여 이해하기도 하고 실제 능력을 수행할 때도 안 좋은 영향을 받는다는 것을 실험 연구들을 통해 밝혀냈다.[36]

이러한 고정관념은 비단 성별에만 작동하는 것은 아니다. 실리콘밸리의 대표적인 IT 기업 시스코 Cisco의 전 CEO였던 존 체임버스 John Chambers는 놀랍게도 어렸을 때 한 번에 네 단어 이상 암기하지 못하는 학습 장애를 가지고 있었다. 그는 학습 장애에 대한 학교, 선생님의 고정관념, 외부의 신호를 그대로 받아들이지 않고 사회적 편견에 자신의 능력을 가두지 않기 위해 노력했다고 말한다.[37]

이와 같이 일터에서 자신이 어떤 위치에 있든지 사회적 시스템이 주는 신호와 고정관념에 영향을 덜 받기 위해 일의 심리학 이론 Psychological Working Theory; PWT[38]에서는 '비판적 의식'을 강조한다. 비판적 의식을 가진다는 것은 자신이 경험하고 있는 불평등한 상황이나 경험이 사회적 구조에서 비롯된 것은 아닌지 다시 한번 성찰하고, 질문하고, 적극적인 사회 참여를 통해 변화를 만들어가는 것을 의미한다.[39] 때론 문제의 중요한 원인은 내가 아니라 구조와 시스템에 있을 수 있다는 사실을 기억하자.

내가 원하는 걸 나도 모를 때, 사회 구조와 시스템에 대한 비판적 의식이 약할 때 사회적 고정관념이 나에게 덮어씌우는 메시지에 쉽게 휘둘릴 수 있다. 자신의 눈과 귀를 덮고 있는 여러 겹의 시스템의 껍질을 하나하나 벗겨내자. 그리고 내 안의 진짜 모습과 열정을 발견해보자. '이 길을 따라가야 성공할 수 있어'라고 사회가 규정한 획일적인 성공의 길을 의심 없이 따라가는 사람이 아니라, 스스로 규정한 자기다움을 찾아 다양한 성공의 길을 모색하는 사람이 자신의 시그니처에 한걸음 더 다가갈 수 있다.

부모가 혁신의 큰 장벽이 될 수도 있다

어느 경제 포럼에서 미국에서 의료기기 사업을 창업하여 성공한 한국 분을 만난 적이 있다. 나는 그에게 이제까지 진로를 만들어오는 데 가장 큰 장벽이 무엇이었냐고 물었다. 그러자 그는 '부

모님'이라고 답했다. 학생들의 진로 교육을 하면서 부모님의 영
향이 중요하다는 것을 알고는 있었지만 나는 적잖이 놀랐다. 부모
의 입장에서는 자녀가 뛰어난 학업 성취를 보일수록 안정적이고
성공이 보장되는 직업을 마다하고 창업을 한다고 할 때 쉽게 응원
해주기 어려울 것이다. 최근에 이런 분위기가 나아지고 있다고는
하지만 여전히 쉽지 않은 부분이다. 내가 만난 대표도 반대하는
부모를 설득하기 위해 먼저 대기업에 취직했다. 그리고 결혼을 한
후에야 기나긴 설득 끝에 창업을 할 수 있었다. 어려움은 여기서
끝이 아니었다. 부모를 겨우 설득해 스타트업을 시작했는데 여기
서 또 부모라는 벽을 만나게 된 것이다. 이번엔 나의 부모가 아닌
직원의 부모였다. 최선을 다해 우수한 인재를 뽑아놓아도 이들이
대기업이 아닌 스타트업에 취직하는 것을 반대하는 부모 때문에
입사를 포기하는 경우가 많았던 것이다. 처음에 이 매력적인 의료
스타트업에서 자신의 꿈을 펼칠 생각에 부풀었던 직원조차도 불
안감에 흔들려 부모에게 역으로 설득당해 다시 대기업에 입사하
는 경우도 있었다.

　이러한 현상은 밀레니얼 세대 뿐 아니라 현재 대학 입시를 준비
하는 Z세대에게서도 확인할 수 있다. 어느 날 선배들의 고등학생
자녀 대학 입학 이야기를 하고 있었다. 특목고라는 점을 감안하더
라도 한 학급에서 의대에 지원하려는 학생의 비율이 90퍼센트 이
상이라는 말을 들었다. 참 놀라운 수치였다. 한편으로 우리 사회

에 시사하는 바가 많은 수치이기도 했다. 그런데 더 놀라운 것은 의대에 지원하는 것이 부모의 바람이기도 하지만 학생들도 그것을 원한다는 것이었다. 위에서 소개한 사례, 의료 스타트업에 지원했다가 부모의 조언에 흔들려 대기업에 입사한 신입 사원과 비슷한 상황이다. 부모가 선호하는 가치와 사회가 요구하는 가치를 자기도 모르게 내면화한 것이다. 진짜 내가 원하는 것이 아니라 '남들이 좋다고 하는 것'을 '내가 좋아하는 것'으로 착각하고 있는 학생들이 많다.

문제는 부모 세대가 살았던 시대와 전혀 다른 시대가 오고 있다는 것이다. 부모는 불확실한 시대에 대한 불안감으로 자녀를 안전한 길로 안내하고 싶어 한다. 그러나 그들 세대가 경험한 일의 세계를 자녀 세대도 똑같이 경험할 리는 없다. 부모가 믿는 좋은 길이 자녀 세대에게도 좋은 길이라는 보장이 없다는 걸 생각할 필요가 있다.

개인도 마찬가지다. 부모와 사회의 조언을 귀 기울여 듣되 자신이 가고 싶은 길이 있다면 그 길을 포기하면서까지 휘둘릴 필요는 없다. 여러분이 살아갈 미래에는 정답이라는 것이 없기 때문이다.

한국의 대표적인 임팩트 투자 기업을 이끄는 옐로우독 제현주 대표는 인터뷰에서 이렇게 이야기했다.

"하고 싶은 마음을 품고 시작하는 그 자체만으로도 큰 성취입니다. 사람들, 특히 상대적으로 여성들이 '사람들을 실망시킬까봐 두렵다'는 마음을 품는 듯 합니다. 이른바 사람들의 '조언'을 다 따라야 한다는 압박감도 더 느끼는 것 같고요. 주변 사람들의 기대를 충족시키는 것이 우리 삶의 목적은 아니죠. 그리고 어느 누구도 당신이 하고 싶은 일에 대해 당신만큼 고민할 수는 없습니다. 자신이 바라는 것, 추구하는 가치에 대한 해상도를 높이고, 거기에 좀 더 집중해도 나쁜 일은 벌어지지 않습니다."

기존에 직업을 바라보던 고정관념으로부터 자유로울 수 있는 부모의 용기와 더불어 개인의 도전이 필요하다. 한두 가지 직업만 놓고 소수의 승자와 다수의 패자가 나오는 직업 생태계 안에서는 대다수가 불행하기 때문이다. 자기다움을 꽃피우며 모두가 자신이 하는 일에서 승자의 경험을 할 수 있도록 다양성이 존중되는 직업 생태계를 만들어나갈 시기가 왔다.

학교도 다양한 모델이 필요하다

새로운 일의 시대에 성공적으로 적응하며, 혁신의 물결을 만들어낼 인재를 어떻게 교육할 것인가는 국가의 운명을 가를 만큼 중요한 문제다(교육은 너무 방대한 주제여서 이 책에서는 간단히 다루고 넘어가도록 하겠다). 우리나라를 비롯한 전 세계의 교육 현장에서는 미래를 준비하기 위한 다양한 시도와 노력이 이루어지고 있다.

우리나라에서는 꿈을 실현하는 학교라는 뜻의 학생자치배움터 '몽실학교'를 비롯해서 다양한 혁신 학교를 만들기 위한 시도를 하고 있다. 유럽과 미국에서는 아동, 청소년뿐만이 아니라 성인을 대상으로 다양한 혁신 학교 모델을 만들어가고 있다. 그중, 세계 적인 혁신 교육 기관으로 꼽히는 프랑스의 '에콜42 Ecole 42'가 있다.

에콜42는 파리와 실리콘밸리에 캠퍼스를 가지고 있다. 2013년 에 프랑스의 이동통신 회사의 자비에 니엘 Xavier Niel 회장이 미래 인 재 육성을 위해 사비를 들여 만든 학교다. 만 18세 이상이면 국적 이나 배경에 상관없이 누구나 지원할 수 있고 학비도 없다. 학위 를 수여하지 않는 고등 교육 기관임에도 불구하고, 입학 경쟁률 이 약 70대 1로 매우 높다. 졸업 후에는 세계적으로 경쟁력 있는 IT 기업으로부터 스카우트되기도 하고, 직접 스타트업을 창업해 서 기업 가치 1조 이상인 유니콘 기업으로 성장시키는 경우도 많 다.

이 혁신적인 교육 기관을 미국과 프랑스가 아닌 다양한 나라에 서도 관심을 가지고 벤치마킹하고 있다. 우리나라에서도 과학기 술정보통신부에서 '42서울'라는 이름의 인재 양성 기관을 설립 해 2020년 1월부터 교육을 시작했다. 지원자를 뽑기 위한 테스트 에는 다양한 직장 배경을 가진 사람들이 몰렸고 연령도 20대부터

60대까지 다양했다.

나는 에콜42의 교육 총괄 책임자와 인터뷰를 통해 에콜42가 어떤 교육 철학을 가지고 혁신 교육을 만들어가고 있는지 설명을 부탁했다. 인터뷰에서 그는 에콜42에서 미래 인재 양성을 위한 기술 교육을 넘어서 중요하게 여기는 6가지 핵심 요소를 소개했다.

1. 문제 해결 능력

미래의 교육은 학생들이 아는 문제를 잘 푸는 기술이 아니라 새로운 문제를 스스로 정의하고 답이 없는 문제도 풀 수 있도록 하는 것이 중요하다. 따라서 모든 수업 방식을 프로젝트로 진행하여 학생들이 스스로 문제를 해결해나갈 수 있도록 한다.

2. 협업

문제를 혼자 해결하지 않고 다양한 배경을 가진 동료들과 협업을 통해 해결해나가도록 독려한다. 이 과정을 통해 토론 능력이 향상되고 여러 사람과 소통하는 연습을 할 수 있다. 이 학교는 집단 지성을 중요하게 생각하고, 집단 지성은 다양한 사람과의 의사소통을 통해서 키울 수 있다고 믿는다. 의사소통 방식은 그룹의 규모에 따라 달라지는데 이를 '집단 역동'이라고 말한다. 그래서 다양한 규모의 프로젝트를 진행하면서 학생들이 다양한 집단 역동을 다루는 의사소통 기술을 터득하도록 한다.

3. 다양성에 대한 존중

18세 이상이면 누구에게나 열려 있어서 학생 구성원이 매우 다양하다. 또 학비와 등록금이 없기 때문에 경제적으로 어려운 학생들에게도 열려 있다. 학비가 없어 부유한 학생들도 있지만 상대적으로 그렇지 못한 학생들도 있다. 인종과 국적도 다양하고 입학하기 전의 교육 배경, 전공 등도 다양하다. 이런 다양한 구성원들과 지속적인 협업을 통해 자신과 다른 관점에 대해 인정하고 존중하는 기회를 가질 수 있다.

4. 윤리적 이슈

윤리와 도덕과 관련된 주제의 미니 강의나 토론 프로그램을 통해 윤리적 이슈에 대해 생각해보는 기회를 제공한다. 기술 발달도 중요하지만 기술이 인류의 행복을 위해 윤리적으로 쓰여야 한다는 사실을 강조한다. 또 인공지능이나 소프트웨어를 개발할 때 기존 데이터가 포함하고 있을 수 있는 편견이나 고정관념에 따르지 않도록 주의시킨다.

5. 스스로 학습할 기회

사회는 굉장히 빠른 속도로 변화하고 있고, 새로운 기술이 나날이 등장하고 있다. 이런 환경에 학생들이 성공적으로 적응하기 위해서는 스스로 학습하는 법을 아는 것이 중요하다. 학생들이 변화하는 기술을 스스로 빠르게 학습하고, 일하는 방식과 더 나아가서는 살아가는 방식의 변화에 대해서도 스스로 학습하는 능력을 갖출 수 있도록 돕는다.

6. 창의성

창의성은 학교뿐 아니라 우리 사회 전체의 혁신으로 이어지는 중요한 주제다. 그래서 교육 중에 코드를 개발할 때도 학생들이 도출한 결과는 같을 수 있지만 자신만의 방식으로 개발하도록 장려한다. 또 새로운 방식과 도구를 통해 틀에서 벗어난 생각으로 학습이 가능하도록 장려한다.

나는 에콜42의 혁신적인 교육 시스템이 학교 교육의 다양성을 높이는 측면에서 좋은 사례라고 생각한다. 물론 종합대학이 아니라 ICT 인재를 중점적으로 육성하는 특수한 고등 교육 기관인 것을 고려하면 모든 전공이나 대학에 적용하기에는 무리가 있다. 따라서 에콜42는 다양한 미래 학교 모습의 한 예로 봐야 한다.

새로운 시대 물결 속에서 앞으로는 에콜42처럼 제2의 직업을 준비하는 사람들을 위한 다양한 성인 교육 기관이 증가할 것이다. 사회적인 필요에 의해 구체적인 기술이나 지식을 제공하고 가르치는 기관들이 생겨나겠지만, 우리가 잊지 말아야 할 것은 사회 구성원이 가진 '다양성'을 살리는 교육이 바로 혁신 교육의 기본

철학이라는 점이다.

또한 이제 학교는 전공 지식뿐만 아니라 학생들의 자기다움을 존중하면서 이들이 다른 사람들의 다양성도 존중할 수 있는 마인드셋과 협업 능력 등 내적 능력을 갖출 수 있도록 더 관심을 기울일 필요가 있다. 하지만, 안타깝게도 현재 대학 교육 교과 과정을 자세히 살펴보면 전공 지식과 관련된 교과 전공 위주로 교과목이 짜여 있고, 위에서 언급한 내적 능력이나 인성과 윤리 의식을 중점적으로 훈련할 수 있는 정규 교과목은 거의 없다.

우리도 이제 일률적인 교과 중심의 교육에서 벗어나 다양성을 바탕으로 인간다움을 개발할 수 있는 시도가 필요하다. '학생'의 개념도 이제 나이를 불문하고 사회 변화에 적응하고자하는 모든 청장년층 및 노년층까지 그 의미가 확대될 것이다. 그 다양한 학습권의 중심에는 교수자가 아니라 학생이 있다. 누구도 아직 살아보지 못한 미래에 학생들이 주체적인 변화를 만들어갈 수 있도록 학교는 조력자의 역할을 할 수 있을 것이다.

미래의 눈으로 규제를 다시 보자

얼마 전 지인이 미국에 다녀왔다고 했다. 오랜만에 미국에 간 것이었는데 운전할 때 도로에서 유턴 허용 표시를 찾지 못해 한참을 직진해서 달렸다는 이야기를 해주었다. 한국에서는 유턴 표시가 있는 곳에서만 유턴이 가능하지만, 미국은 유턴이 금지된 구역이 아니면 재량껏 유턴이 가능해서 생긴 에피소드였다.

한국이 대부분을 규제하고 가능한 것들은 법으로 명시해서 풀어주는 시스템이라면 미국은 대부분을 개인의 판단에 맡기고, 꼭 안 되는 행위만 규제하는 시스템이다. 이것은 무엇이 좋고 나쁘다는 이분법적 시각에서 볼 사안은 아니다. 하지만 이를 미래의 일과 연결해서 생각해보면 이야기는 달라진다. 상식적으로 규제가 많을수록 새로운 시도를 하기가 힘들어진다. 기존에 존재하지 않았던 혁신적인 시도는 기존 질서가 만들어놓은 규제 앞에서 힘을 잃고 만다. 규제는 기존 질서를 유지하기에는 효율적일 수 있다. 하지만 지금 혁신을 바탕으로 새로운 일자리를 창출하고 산업을 키울 수 있는 환경을 준비해야 하는 상황에서 높은 규제의 벽에 새로운 시도가 부딪히는 사례가 증가하고 있다.

금융 핀테크에서 혁신적인 서비스를 만드는 토스 이승건 대표가 규제로 인해 1년 이상 고군분투했다는 이야기는 비단 토스만의 이야기가 아닐 것이다. 블록체인도 마찬가지로 국내에서는 수많은 규제에 묶여 있어서 해당 기술을 보유한 기업체들이 해외로 나가서 창업하거나 해외 기업에 투자할 수밖에 없다는 이야기도 들린다.

기본적으로 안 되는 것이 많으면 그 규제를 푸는 동안 속도전에서 뒤처질 수밖에 없다. 미래의 일을 만들어내고 다양한 일자리를 창출하기 위해서는 국내에서만 경쟁하는 것이 아니기 때문에 '속도'가 시장 점유율에서 무엇보다 중요한 변수가 될 수 있다.

세계 각국은 현재 새로운 지형 변화 속에서 미래 경쟁력을 확보하기 위한 노력을 하고 있다. 실리콘밸리 창업 정신으로 무장한 미국, 라 프렌치 테크La French Tech라는 국가 브랜딩이 성공하면서 다양한 스타트업 생태계를 만들고 있는 프랑스, 전통적인 스타트업 강국 이스라엘, 노키아의 실패를 발판 삼아 창업에 대한 적극적 자세로 창업 교육 허브(알토대학)로 발돋움하는 핀란드, 남한의 절반 크기에 춥고 가난한 유럽 나라였지만 전자 시민권 도입과 온라인으로 15분이면 창업을 가능하게 만들어 창업의 성지로 떠오르고 있는 에스토니아까지 미래 성장 동력을 찾기 위해 그야말로 국가 간에는 총성 없는 전쟁이 진행되고 있다. 우리나라도 정부 주도형 신사업과 스타트업을 지원하고 다양한 생태계 육성에 열을 올리고 있다. 국가 규모나 시장 크기에 비해 한국은 높은 성과를 보이고 있는 나라로 손꼽히기도 한다.

다양한 생태계를 지속적으로 키우기 위해서는 다양한 시도가 가능한 사회적 제도가 필요하다. 새로운 분야를 개척하는 데 있어서 인터뷰 참여자들이 공통적으로 말하는 것이 있다. 새로운 일을 시도했다가 실패한다고 해도 생계를 걱정할 정도의 나락까지 떨어지지 않을 수 있는 사회적 안전망이 있어야 혁신적인 시도가 더 많아진다는 것이다.

사회적 제도는 이제 '우리의 행동과 새로운 시도를 제한하거나 검열하고 규제하는 역할'에서 '사회 구성원에게 다양한 시도를 촉진하고 격려하는 역할'이라는 시대적 책무와 기대 앞에 서 있다.

미래를 준비한다고 하면 디지털 혁명에 대한 이야기와 함께 주로 첨단 기술이나 코딩, 빅데이터, 인공지능이 많은 주목을 받는다. 하지만 핵심은 사고의 변화다. 사고의 변화는 사회적 규제와 시스템의 변화도 포함한다. 과거의 틀에서 만들어진 규제가 미래로 향하는 대담한 발걸음을 붙잡지 않기 위해서는 규제를 만드는 것뿐만 아니라, 더 이상 미래 사회에 작동하지 않을 규제를 열린 눈으로 바라보고 신속하게 수정하고 제거하는 작업이 우선되어야 한다. 혁신으로 한국이 세계 무대에서 주도권을 잡으려면 지금 변화 추이를 살펴봤을 때 생각보다 시간이 많지 않다.

유연한 시스템 속에서 생태계는 다양해지고 다양한 생태계 안에서 자신만의 시그니처를 바탕으로 혁신의 새싹들은 자라날 수 있다. 획일적인 생태계보다 다양한 생태계가 건강하고 지속력이 있다. 일상의 삶 속에서 의식하지 못하더라도 생각보다 내가 하는 일에 훨씬 더 큰 영향을 끼치고 있는 규제와 시스템을 함께 고민해야 할 이유가 여기에 있다.

마지막 4부에 오신 것을 환영한다. 2부와 3부에서 시그니처를 키우는 구체적인 방법에 대해 이야기했다면 4부에서는 시그니처를 확장할 수 있는 관점에 대해 이야기하려고 한다. 우리는 시대적 맥락 속에서 '나'를 넘어 '나의 확장'에 관심을 가질 필요가 있다. 시그니처의 시작은 나의 가장 깊숙한 내면에서 비롯되지만, 시그니처의 완성은 역설적이게도 '나의 일'의 경계를 넘어 외부와의 연결과 확장을 통해 가능하기 때문이다. 그러나 지금까지 우리는 바쁜 일상에 쫓겨 우리도 모르게 삶, 공동체, 자연으로부터 스스로를 소외시켜 오지는 않았는가. 시그니처를 완성하는 마지막 퍼즐을 맞추기 위해 나의 일을 삶으로부터, 기계로부터, 공동체로부터 그리고 자연으로부터 소외시키지 않고 수용^{Acceptance}하고 통합^{Integration} 하는 관점과 행동의 변화가 필요하다. 수용과 통합의 A.I.의 관점을 통해 여러분의 시그니처가 확장되길 바란다.

4부

시그니쳐를
확장하기 위한
마인드셋,
A. I. 하라

수용 Acceptance 하고 통합 Integration 하는
미래의 일 마인드

왜 워라밸
부작용이 생길까

"당신이 일에 쏟아붓는 시간이 중요한 게 아니다.
중요한 것은 당신이 시간을 쏟아붓는 일 그 자체다."

— 샘 유잉(Samuel James Ewing), 야구선수

2019년 6월에 방영된 〈SBS 스페셜〉이라는 프로그램에서는 '오피스 다큐멘터리 마흔, 팀장님은 왜 그럴까?'라는 제목으로 이른바 '낀 세대'의 고충을 다루었다. 낀 세대는 40대 초중반의 팀장이나 과장급으로, 밀레니얼 세대와 임원진 사이에 끼어 있는 중간 관리자를 일컫는다. 샌드위치처럼 중간에 낀 세대의 고충은 이랬다. 임원이 일정을 재촉하여 야근을 해야 하는 상황이 되면 낀 세대의 팀장은 야근을 싫어하는 2030 직원들에게 차마 야근하자고 말을 못하고 울며 겨자먹기로 나 홀로 야근을 한다는 이야기였다.

2030 팀원들과 50대 임원들은 일을 바라보는 시각부터 다르다. 임원들은 "요즘 사람들은 성공적으로 일을 했을 때의 성취감과 희열을 느끼려고 하지 않는 것 같다"고 말하는 반면, 2030 세대는 일과 삶의 적절한 균형, '워라밸'을 외친다.

2018년 고용노동부가 밝힌 닐슨코리아 조사에 따르면 연봉이 높은 기업보다는 워라밸이 좋은 기업을 선택하겠다는 응답이 75.5퍼센트에 달했다. 실제로도 직장을 선택할 때 얼마나 여가 시간이 보장되는지가 주요 요소로 자리 잡았다.

'워크 라이프 밸런스Work-Life Balnace'의 줄임말인 워라밸은 최근에 등장한 개념은 아니다. 1970년대 영국에서 개인의 사생활과 업무 간의 균형을 묘사하는 단어로 처음 등장했고, 지금은 그로부터 약 50년이 흘렀으니 꽤 역사가 긴 용어다. 그도 그럴 것이 산업화 시대에는 워라밸이 중요했다. 이 당시에 일하는 사람들은 주로 단순하고 반복적인 일을 기계적으로 하다 보니 일에서 자기다움이나 개성을 드러내는 게 어려웠기 때문이다. 이런 이유로 사람들은 점점 업무 시간 외에 '내가 나일 수 있는 시간'을 확보할 필요성을 느꼈다.

우리나라에서도 워라밸은 많은 사람의 지지를 받으며 뜨거운 키워드로 떠올랐다. 그 배경에는 우리나라의 근무시간이 지나치게 길다는 사실이 깔려 있다. 2018년 한국은행의 보고서에 따르면 우리나라의 근무시간은 경제협력개발기구OECD 회원국 중에 1,

2위를 다툰다. 게다가 내 업무를 다 했다고 해도 정시에 퇴근하려면 상사의 눈치를 봐야 하는 일도 흔하다. 야근이 당연시되면서 정작 업무에 집중해야 할 근무시간에는 몰입도가 떨어진다는 비판도 많았다.

이처럼 긴 근무시간의 폐해를 막고 일과 삶의 균형을 찾기 위한 사회적인 노력이 일어나기 시작했다. 최근에는 일률적으로 일주일에 52시간 이상 근무하지 않도록 규제하는 법이 만들어지는 상황까지 왔다.

얼마 전 대기업에 다니는 친구가 주 52시간 근무제의 현실을 들려주었다. 주 52시간 근무제로 저녁 시간과 주말의 활용도가 높아졌다는 장점도 있는 반면 웃지 못할 상황도 생긴다고 말했다. 한 주에 일을 할 수 있는 시간은 정해져 있는데, 특히 중요한 일이 많아서 이를 다 처리하기에 시간이 턱없이 부족한 날도 많다고 한다. 일은 남았지만 근무시간이 초과되어서 출입카드로 회사에 들어갈 수가 없었던 친구는 근처 카페에서 팀원들과 일을 마무리했다고 한다. 그런데 이런 경우가 꽤 많아서 그 카페는 원격 사무실처럼 늘 회사 동료들로 붐빈다고 한다.

대기업뿐만 아니라 공공기관이나 학교의 사례도 이와 다르지 않다. 퇴근 시간 이후에 컴퓨터가 자동으로 꺼지는 곳도 있다. 그래서 오후 6시 이후에 사무실에서는 큰 사무실용 컴퓨터를 옆에 둔 채 조그만 개인용 노트북으로 일을 하고 있는 직원들도 종종

볼 수 있다고 한다. 일이 마무리되지 않은 채로 컴퓨터가 강제로 종료되지 않도록 일이 많은 날에는 미리 개인용 노트북을 가져와 옮겨서 일을 하는 현상이 벌어지고 있다.

일이 예상한 시간 내에 끝나면 좋으련만 막상 하다 보면 생각보다 시간이 더 걸릴 수도 있고 빨리 끝날 수도 있다. 회사 인근 카페에서 일을 마무리한다는 사람들의 실제 사례들은 주 52시간 근무제가 업무의 다양한 특성과 상황에 대한 고려가 없었던 것은 아닌지, 업무 시간을 '보장'하는 것이 아니라 '규제'하고 있는 것은 아닌지 생각해보게 된다.

세상에는 제도만으로 해결할 수 없는 문제도 분명 존재한다. 물리적으로 시간을 제한한다고 우리의 삶의 질을 높일 수 있는가에 대해서는 의문이 생긴다. 워라밸이 중요하지 않다고 말하는 것이 아니다. 하지만 일과 삶, 일과 나의 정체성을 무 자르듯 분리할 수 있을까. 나는 좀 더 본질을 들여다봐야 한다는 생각이 든다. 워라밸의 본질은 '인간다운 삶'을 보장하는 것에 있다. 그런데 '인간다운 삶'을 '물리적으로 일하는 시간'을 통해서만 확보하려는 건 아닐까 생각해볼 필요가 있다.

워라밸보다 더 중요한 것은

최근 이직한 친구를 만나 이야기를 나눌 기회가 있었다. 이전 직장은 근무시간도 과하지 않고 편하다고 했는데 왜 이직을 했는지 궁금했다.

"이전 직장이 근무시간도 적고 편했지. 그런데 일을 하다 보니까 근무시간이 문제가 아니더라고. 내 시간도 많고 여유로웠지만 마음은 너무 우울했어. 일을 하고 있는데도 내 존재의 의미가 크게 느껴지지 않았어. 내가 있어도 그만, 없어도 그만인 일을 한다는 공허감이 그렇게 힘들 줄 몰랐지. 그래서 퇴근 후에 공허한 마음을 다른 일로 메우려고 했지만 한계가 있더라."

그래서 이직한 현재 회사는 이전 회사와 비교도 안 되게 근무강도가 높고 근무시간도 길지만 만족한다고 말했다.

"여기서 하는 일이 나랑 잘 맞아서 그런지 일하면서 내가 살아 있다는 느낌을 받아. 퇴근 후에 다른 활동을 통해 내 존재감을 찾아 헤매던 시간이 줄어든 대신 내 업무에 더 집중하게 되었어. 마음이 훨씬 안정돼서 만족해."

지금까지는 많은 사람이 자기다움을 발견하고 이와 맞는 일을 찾기보다 근무시간, 연봉, 복지, 기업 규모 등 외적인 조건에 따라 직업을 택했다. 그러다 보니 워라밸이 더욱 중요할 수밖에 없었다. 자기가 하는 일에서 자기다움을 찾지 못한 많은 직장인들은 퇴근 후나 주말에 진짜 나의 일을 찾으러 간다. 운동이나 새로운 취미 활동을 하거나 외국어를 배우며 자기다움을 표현할 수 있는 활동에 적극적으로 참여한다. 물론 그런 삶에 만족하는 사람도 있고, 이것이 잘못된 행동도 아니다. 하지만 '워라밸'을 너무 강조한 나머지 마치 '일'은 내 삶이 아닌 것처럼 밀어내고 있지는 않은지 되돌아볼 필요가 있다. 근무시간을 줄인다고 해도 여전히 우리가 하루 중 가장 많은 시간을 쏟는 건 일이다. 내가 하는 일은 나의 정체성과 밀접하게 연결되어 있다. 사람을 만나면 먼저 무슨 일을 하느냐고 묻지 않는가. 그러니 내가 나의 일에서 나를 소외시킨다면 진정으로 내 삶에 만족할 수 있을까.

나의 일과 삶이 함께 확장되는 미래

워라밸에서 우리가 생각하는 '밸런스'의 이미지를 가장 잘 보여주는 것이 시소 그림이다. 그러다 보니 일과 삶을 양 끝에 놓고 한쪽이 올라가면 다른 한쪽은 내려가는 것으로 생각하기 쉽다. 물론 둘 사이에 균형을 잡을 수 있다면 좋겠지만 우리 삶은 그리 간단하지 않다. 한쪽이 올라갈 때도 있고, 다른 한쪽이 올라갈 때도 있다. 그런데 이런 관점에서 바라보면 일이 올라가면 나의 삶의 질은 낮아진다는 생각을 하게 된다. 그래서 내 삶을 지키기 위해

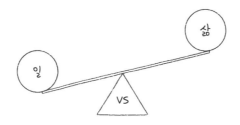

'워라밸'을 추구할 때의 일과 삶의 관계

일을 할 때 방어적인 자세를 취하는 경우가 생긴다.

　이런 이유로 아마존의 CEO 제프 베조스는 '워크 라이프 밸런스'를 지지하지 않는다고 말한다. 진로심리학의 관점에서도 일은 삶과 분리된 개념이 아니라 삶에 포함된 개념이다. 과거 산업화 모델의 관점이 반영된 심리학 연구에서는 일과 삶 혹은 일과 가족을 시소와 같은 대립구도로 바라보는 관점이 매우 우세했다. 그래서 일과 가정 사이의 갈등에 대한 연구가 많이 이루어졌다. 일이 가족과 관련된 삶에 얼마나 방해가 되는지, 혹은 가족과 관련된 삶의 요소가 일을 얼마나 방해하는지 측정하는 연구들이 많았다. 한국 성인 남녀 직장인을 대상으로 한 연구에서도 일이 가정을, 가정이 일을 방해한다고 지각하는 수준이 높을수록 직업 만족도가 낮았다.[1]

　그러나 2000년대 중반부터 일과 가정이 서로 방해하는 개념이 아니라 상생할 수 있다는 새로운 관점이 소개되기 시작했다. 이 개념은 2006년에 워크-패밀리 인리치먼트 Work-Family Enrichment [2],

즉 '일과 가족의 상생'이라는 용어로 심리학계에 소개되었다. 가족이라고 표현되는 부분을 삶으로 확대하여 적용해보면 '워크 라이프 인리치먼트', 즉 삶이 일을 더 풍성하게 만들어준다는 의미로 해석할 수 있는데 여기서는 '워라밸'의 용어를 빌려 '워라인'이라고 부르도록 하겠다. 워라인의 기본적인 관점은 일과 삶이 서로 총량이 정해져 제로섬 게임을 하는 것이 아니라, 일과 삶 중 한쪽의 질이 높아지면 다른 한쪽도 함께 높아지는 상생의 관계가 될 수 있다고 본다. 그뿐만 아니라, 한쪽 영역이 힘들 때 다른 영역이 일종의 완충 작용을 해줄 수 있다. 예를 들어, 일에서 쌓인 스트레스는 가족이나 친구들과 즐거운 시간을 보내며 완화할 수 있고, 반대로 삶에서 어떤 문제에 부딪혔을 때 일에 전념하며 그 문제로부터 거리 두기가 가능하다.[3]

내가 일에서 행복감을 느끼면 내 삶의 행복도 함께 커진다. 내 삶이 만족스러우면 내가 하는 일에도 집중할 수 있어 좋은 성과를 낼 수 있다. 이처럼 일과 개인적인 삶은 서로를 보완하는 상생 작용을 하며 우리의 인생을 더욱 풍부하게 만들어준다.

2015년에 미국의 성인 엔지니어 450여 명을 대상으로 일과 가족과의 상생의 관점이 직업과 삶의 만족도에 어떠한 영향을 끼치는지 알아보기 위해 연구를 했다. 일과 가족의 상생을 높게 지각할수록 긍정정서가 높아지고 결과적으로 일과 삶에 대한 만족도가 높아졌다.[4]

'워라인'을 추구할 때의 일과 삶의 관계

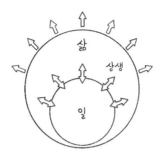

워라밸을 통해 내가 일에 잠식되지 않도록 관리하는 것도 중요하다. 일만큼 우리의 삶도 중요하기 때문이다. 그러나 일과 삶의 관계를 바라볼 때 물리적 시간을 단축하는 것 뿐 아니라 일에서 나의 삶이, 조금 더 정확히 말하면 '나의 정체성'이 소외되지 않아야 한다. 우리의 일이 시그니처를 한껏 드러낼 수 있는 방향으로 간다면 일과 삶은 시소게임이 아니라 함께 성장할 수 있는 관계가 될 수 있다. 일과 삶의 상생 속에서 나의 시그니처는 더욱 확장될 수 있다.

인공지능은
우리의 적이 아니다

"컴퓨터는 놀랍게 빠르고 정확하지만 대단히 멍청하다.
인간은 놀랍게 느리고 부정확하지만 대단히 똑똑하다.
이 둘이 힘을 합치면 상상할 수 없는 힘을 가지게 된다."

— 알베르트 아인슈타인(Albert Einstein), 물리학자

2016년 3월, 알파고와 이세돌의 대국이 5일에 걸쳐 서울에서 펼쳐졌다. 최고의 인공지능 바둑 프로그램과 인간계 최고 실력자의 빅 매치는 세계인의 이목을 집중시켰다. 나 역시 이세돌이 과연 알파고를 이길 수 있을지 긴장하면서도 인간의 자존심을 지켜주기를 바라는 마음으로 응원하며 봤다.

알다시피 결과는 4승 1패로 알파고가 승리했다. 바둑에 큰 관심이 없는 나에게도 이 사건은 충격적이었다. 나도 곧 인공지능으로 대체되거나 인공지능이 나보다 일을 더 잘하게 되는 건 아닌가 하는 막연한 불안감 때문이었다.

이 기억이 너무 강렬해서 인공지능이라고 하면 사람들은 가장 먼저 인간과 인공지능이 대결하는 이미지를 떠올리는 것 같다. 게다가 알파고와의 바둑 대결을 기점으로 인공지능은 우리의 일상 속에 급격히 파고들었다. 공항에서는 공항 직원 대신 지문 인식기와 여권 인식기가 출국 심사를 도와주고, 음식점에서는 키오스크가 점원을 대신한다. 식당에서 음식을 나르는 서빙 로봇, 길을 찾아주는 길 안내 로봇, 병원에서 진단을 도와주고 수술을 보조하는 수술 로봇까지 등장했다. 많은 기사와 책에서 미래의 인간과 인공지능의 관계를 이세돌과 알파고의 대결처럼 대립구도로 그리면서 불안감은 점점 증폭되는 것 같다. 또한 다양한 영역에 인공지능 기술이 적용되면서 결국 기계가 우리의 일자리를 빼앗는 것은 아닌가 하는 우려는 점점 커질 수밖에 없다.

완벽해 보이는 인공지능에도 허점은 있다

정말 기계가 우리의 일자리를 다 빼앗게 될까? 인공지능은 기본적으로 인간이 제공한 데이터를 학습하여 작동하는 원리로 움직인다. 그런데 바로 여기에서 한계가 발견된다.

아마존은 2014년부터 인공지능 채용 시스템을 개발해왔다. 인공지능은 막대한 양의 데이터를 몇 초 만에 분석해 직원을 선출했다. 회사 입장에서는 면접에 드는 시간과 비용을 절약할 수 있어 효율적인 것처럼 보인다.

그런데 몇 년 전 아마존에서 인공지능을 통한 면접을 중단한다고 발표했다. 인공지능을 활용한 면접 평가 프로그램은 성과가 높은 우수 직원들의 특성을 데이터화하여 입력한 후 우수 직원들과 비슷한 특성의 지원자들에게 높은 점수를 부여하도록 설계되어 있었다. 그런데 회사에 남자 직원이 월등히 많다 보니 남성적인 특징이 우수 직원의 특성으로 포함되는 경우가 있었다.[5] 실제로 인공지능이 지원자 중에서도 남성 직원에게 더 높은 점수를 주고 있다는 걸 발견했다. 데이터가 한쪽 성별에 편향되면 이는 또 다른 편향을 만들어내기 때문에 이를 중간에서 관리자가 발견하여 보완하지 않으면 편중 현상은 점점 심각해진다.

또 다른 예도 있다. 최근 자율주행차 시스템의 핵심 알고리즘에서 문제점이 발견되었다. 자율주행차는 보행자를 인식하면 멈추는 기능이 있는데, 백인은 잘 인식하는 반면 피부색이 어두운 사람들은 보행자로 인식하지 못하는 경우가 많았다. 보행자를 인식하는 알고리즘을 개발할 때 입력했던 데이터가 주로 백인 데이터였기 때문이다. 그래서 피부색이 어두운 사람들을 보행자로 인식하는 데는 실패한 것이다.[6]

이와 같이 인공지능의 데이터는 결국 사람이 입력하는 것이기에 편향이 생길 수 있고, 그 편향은 자칫하면 큰 사고와 손실로 이

어질 수 있다. 이런 문제점을 줄이려면 어디에도 치우치지 않는 데이터를 수집해서 입력해야 한다. 이를 위해선 사람들이 지각하는 데이터가 가치 중립적이어야 하는데 우리가 편향된 가치를 정확히 바라보고 문제를 지각하는 것이 첫걸음이다. 데이터가 특정한 방향으로 쏠리지 않기 위해선 프로그램에 교정값(편향된 정도를 고려하여 그 차이를 줄일 수 있도록 교정한 수치)을 계산해서 결과에 반영하거나, 사람들이 편향된 사고를 하지 않도록 윤리 교육과 가치 교육을 하는 것이 장기적인 해결책이 될 수 있다. 인공지능의 한계는 인간만이 가능한 성찰적 사고 능력을 통해서만 극복할 수 있다는 사실을 기억하자.

더욱 인간다운 일에 집중할 기회가 오다

기술의 발달로 인간이 인공지능에 대체되지 않으려면 기계와 함께 일하는 협업모델을 고민해보아야 한다. 그리고 이 협업모델 속에 인간은 기계가 하지 못하는 중요한 의사 결정과 가치 결정에서 주도적인 역할을 해야 한다. 다시 말해, 인공지능이 옳은 판단과 작업을 할 수 있도록 모니터링하고 방향을 설정해주는 감독관의 역할을 인간이 해야 한다는 이야기다. 결국 중요한 점은 기술 그 자체가 아니라 인간중심적인 기술의 발전이며, '기술이 어떻게 인류의 삶을 증진시킬 수 있는가'에 대한 방향성을 잡는 일이다.

하버드경영대학원 테이셰이라 교수는 저서 『디커플링』에서 미래의 혁신은 자기다움을 강화시키는 방향으로 움직일 거라고 말한다. 기술 그 자체보다 그 기술이 우리 안의 어떤 가치를 실현해 줄 것인가가 중요하다는 이야기를 한다. 예를 들어, 카메라 기술의 발달로 이제 더 이상 몇 천만 화소냐가 중요하지 않게 되었다. 오히려 카메라가 스마트폰과 결합하면서 내가 원할 때 얼마나 간편하게 사진을 찍을 수 있는지, 또 어떻게 나만의 독특한 감성을 담을 수 있을지가 더 중요해졌다. 기술의 발달은 더 빠르고 화려한 성능을 개발하는 것이 목적이 아니라 오히려 '인간다움'이라는 가치를 경험하고 확장할 수 있는 방법을 강구해야 한다.

테이셰이라 교수는 또한 혁신을 위해서는 사람들의 필요와 욕구를 파악하는 것이 무엇보다 중요하다고 강조한다. 사람들의 필요와 욕구를 살펴보면 점점 '내가 아니면 안 되는 일'에 집중하기 위해 '내가 아니어도 할 수 있는 일'에 들이는 시간과 노동력을 최대한 줄이려고 한다. 사람들은 단순노동에 가까운 집안일을 대신 해주는 청소 서비스나 세탁 서비스를 원한다. 실제로 자율주행차나 가사도우미 로봇이 더욱 발달하면 인간은 단순하고 반복적인 일에서 벗어나 인간 고유의 능력인 상상력과 창의력을 바탕으로 보다 '나다운 일'에 더 많은 시간과 에너지를 사용할 수 있게 된다.

기술 자체는 중립적이지만 기술을 무엇을 위해 어떤 방향으로 사용할 것인가에 대한 명확한 합의가 필요하다. 마이크로소프트 Microsoft의 성장을 이끌고 있는 CEO 사티아 나델라 Satya Nadella는 AI 기술은 인간의 재능과 결합해 나이, 성별, 인종, 경제적 지위를 초월하여 모든 계층의 사람에게 폭넓은 도움을 줄 수 있어야 한다고 강조한다.[7]

기술의 진보는 분명 우리가 바라는 세상을 만들 수 있다는 '가능성'을 높여주고 있다. 기술을 인류의 안녕과 행복을 높이는 방향으로 사용할 수만 있다면 사람들은 반복적이고 단순노동을 기계로 대체하고, '더욱 인간다운 일', '더욱 창의적인 일', '가치를 만들어내는 일'에 집중할 수 있을 것이다.

인공지능 기술의 발달은 궁극적으로 우리에게 인간만의 고유한 일은 무엇인지에 대한 성찰의 기회를 제공한다. 사람들의 다양한 생각에 따라 인간다움의 정의는 각기 다르겠지만, 인간다움의 가장 중심에는 '인류애적 공감'이 존재한다. 인류애적 공감은 소수자의 정체성이나 개인의 다양한 정체성 중 취약한 부분이 서로 연결되어 형성된다. 인간에 대한 공감과 이해를 기본적인 바탕으로 우리는 기계와의 협력을 통해 인간다움의 영역을 확장해나갈 수 있다.

자기다움을
공동체로 확장하라

"인간은 본래 불완전한 존재이기 때문에
공동체 안에서만 완전해질 수 있다."

— 아리스토텔레스(Aristotle), 철학자

　회사에서 구성원을 관리하는 부서를 HR팀이라 한다. HR을 풀어쓰면 'Human Resources' 즉 인적 자원이라는 뜻이다. 리소스 Resources의 사전적 의미를 살펴보면 유용하고 쓸모 있는 소유물 혹은 자질을 뜻한다. 인적 자원이라는 말에는 '조직에 쓸모 있는 사람'이라는 뉘앙스가 있다. 개인을 회사를 위한 유용한 자원으로 보는 시각이 담겨 있다. 개인의 입장에서는 이런 관점이 달가울 리 없다. 내 존재 자체를 존중받고 싶지, 조직에 소속된 자원의 일부로 여겨지고 싶진 않기 때문이다.

　지금까지는 개인과 공동체의 관계를 대립적으로 보는 시각이 우세했다. 조직을 위해 개인을 희생해야 한다거나, 개인의 이익을 위해서는 공동체의 이익을 등한시해야 한다는 이분법적인 패러다임이 지배적이었다. 그러나 일과 나의 관계를 재설정해야 하는 것처럼 내가 속한 조직과 나의 관계도 재설정이 필요한 시대가 왔다.

HR이라는 용어에서부터 이러한 시대적 흐름을 반영해야 한다고 인식하고 변화를 시도하는 조직들이 이미 생겨나고 있다. 몇몇의 회사가 HR이라는 말 대신 피플People이라는 단어를 사용하여 구성원을 관리하고 교육하며 지원하고 있다. 자연 친화적인 화장품과 바디용품으로 잘 알려진 글로벌 기업 러쉬Lush가 대표적이다. 이곳은 HR팀 대신에 '피플케어팀'이라는 용어를 쓰면서 직원들이 역량을 마음껏 펼칠 수 있는 다양한 지원과 이벤트를 기획한다. 이 용어에는 '우리는 직원들이 역량을 발휘하면서 즐겁게 일할 수 있도록 돕는 일을 하는 사람들'이라는 관점이 깔려 있다.

페이팔PayPal은 전 세계 어디서나 간편하게 돈을 송금할 수 있는 서비스로 큰 성장을 이루었다. 이 회사를 키운 초기 멤버들 중 몇명은 페이팔을 나와서 유튜브Youtube, 링크드인LinkedIn 등을 설립하여 또 다른 성공을 거두었다. '배달의민족' 역시 창업을 도왔던 멤버들이 그 과정에서 배우고 경험한 것을 바탕으로 또 다른 스타트업을 창업하여 각자의 분야에서 성장하고 있다. 이런 일이 가능한 이유는 이 회사들이 구성원을 소유물로 생각하기보다 자기 역량을 키우고 성장하는 파트너로 여기기 때문이다. 다시 말해, '우리 회사에만 충성하라'는 태도가 아니라 '여기에서 배운 것을 외부로 확장해 해당 산업의 판을 키워라'는 것에 의미를 두고 직원들의 성장을 지지한다.

이런 조직에서라면 개인은 더욱 주체적인 자세로 자신의 역량을 키우려고 노력한다. 그러므로 주체적으로 일할 수 있는 직원을 원하는 기업이라면 그들이 회사와 함께 성장하는 대상이라 여기고 각자의 역량을 개발할 수 있도록 도와줄 필요가 있다.

나와 조직이 함께 성장하는 선순환 구조

개인이 조직을 바라보는 관점은 어떻게 변화하고 있을까? IMF 전에는 조직에 충성하면 노후까지 보장받을 수 있었다. 그러나 모두가 알다시피 그 이후의 상황은 참담했고 사람들은 조직에 대한 신뢰를 잃기 시작했다. 최근에는 조직보다 개인을 중시하는 밀레니얼 세대의 등장으로 조직문화는 많은 변화를 겪고 있다.

사람들은 자신이 하나의 부품처럼 사용된다고 느끼면 자연스럽게 자기 자신을 보호하려는 방어기제를 작동시킨다. 『90년생이 온다』에서 90년생은 조직에 헌신하면 '헌신짝이 된다'는 생각을 가지고 있다고 하지 않았던가. 즉, 밀레니얼 세대는 조직이 나의 성장을 도와줄 수 없다는 판단이 서면 자기가 맡은 업무만 할 뿐 그 이상의 업무에 대해선 '굳이?'라는 생각을 하게 된다. 그리고 자기 성장을 이룰 수 있는 곳을 찾는다.

그러나 조직과 개인이 상생하는 관계를 만들어간다면 개인은 자신의 성장을 도모할 곳을 굳이 밖에서 찾지 않아도 된다. 사람들은 내가 하는 일을 통해 성장하고 싶은 욕구가 있고, 나의 성장을 통해 팀과 회사, 더 나아가 사회에 긍정적인 영향을 주고 싶어 한다. 일터에서 내가 성장할 수 있다는 믿음이 있으면 자신을 보호하느라 소모했던 에너지를 긍정적인 방향으로 쓸 수 있다. 업무의 효율을 높이거나 공동체의 성장을 돕는 데 사용할 수 있으며 이는 개인과 조직이 함께 성장할 수 있는 선순환 구조의 시작이 된다.

다음 그림에서 보듯 개인과 공동체는 서로의 이익을 놓고 대치하는 관계가 아니다. 개인이 공동체를 키우고, 공동체가 개인을 성장시키는 상생의 관계가 가능하다. 이 모델에서는 공동체가 개인의 성장을 돕고, 성장한 개인이 결과적으로 공동체의 성장을 돕는 선순환이 일어난다. 이 선순환은 물론 개인과 공동체가 서로의 성장을 도울 수 있고, 도울 것이라는 기본적인 믿음과 직접적인 실행이 뒷받침되어야 한다.

지금 여기, 살롱 문화가 다시 부활한 이유

이 책에서 말하는 공동체란 내가 일하는 조직이 될 수도 있고, 내가 속한 산업 분야일수도 있다. 또 지역 기반의 커뮤니티가 될 수도 있고, 국가가 될 수도 있으며, 국경을 초월한 단체가 될 수도 있다. 개인도 이제 과거의 경쟁 체제에서 벗어나 타인과 협력하고 공동체의 이익을 추구하는 방향으로 시야를 확대할 시점이다. 이는 변화하는 시대에 적응을 위한 생존의 문제와도 연관이 있다.

최근 우리 사회에는 18세기 프랑스에서 지식인들이 모여 함께 토론을 하던 사교 모임을 뜻하는 살롱 salon 문화가 재탄생하고 있다. 카카오톡이나 메신저 등 온라인 소통이 일상이 되었는데도 불구하고 직접 얼굴을 맞대고 토론을 하는 오프라인 커뮤니티 문화가 확산되고 있다. 독서 모임, 토론 모임 등 취향에 기반한 다양한 커뮤니티가 어느 때보다도 활발하다.

살롱 문화가 지금 국내에서 급격히 성장하고 있는 원인에는 나

개인과 공동체의 이상적인 관계

와 비슷한 사람이 모이고 소통할 수 있게 해준 기술적 뒷받침과 더불어 일종의 '생존 본능'이 작용했다는 것이 심리학자인 나의 소견이다. 불확실한 미래에 대한 불안함이 커지면서 무리 지어 공동체 단위로 탐색하고 생존하려는 욕구가 다양한 커뮤니티의 발달로 이어질 수 있다.

좋아하는 TV 프로그램 중 하나인 「동물의 왕국」을 보면 야생의 동물들도 이와 비슷한 모습을 보인다. 예측 불가능한 위험한 상황 앞에서 본능적으로 무리를 이루어 자기를 보호한다. 무리의 생존은 곧 나의 생존이기도 하다. 인간도 동물인지라 불안한 상황에서는 동물처럼 본능적으로 무리를 지어 해법을 찾아나가려는 노력을 하는 것은 아닐까.

초기의 스타트업들도 다양한 커뮤니티를 통해 서로 정보를 공유하고 힘든 점을 나누면서 협력 속에서 성장한다. 또 많은 선배 기업인들은 스타트업 공동체와 산업 생태계의 활성화를 위해 많은 시간과 에너지를 쏟는다. 나와 우리 회사의 성장도 중요하지만 내가 속한 산업 분야의 성장도 중요하기 때문이다. 『홀로 성장하는 시대는 끝났다』를 쓴 마이크로소프트 이소영 이사는 내가 몸담고 있는 산업 생태계를 활성화하기 위한 노력의 태도에서 리더의 자질을 발견한다. 그녀는 자기계발에 열중하고 자신의 목표를 이루는 것에 그치지 않고, 적극적으로 타인과 배움을 나누고 커뮤니티 성장에 기여하는 사람들을 '커뮤니티 리더'라고 정의한다.

그리고 이 커뮤니티 리더가 바로 미래형 글로벌 인재라고 말한다.

커뮤니티의 생태계와 성장에 기여하는 이들은 자신의 시그니처를 잘 발현하고 있는 사람들이기도 하다. 앞에서 말했듯이 '자기다움'은 혼자 유유히 빛나는 것이 아니다. 나의 시그니처를 발현하는 행위란 주변 사람들의 시그니처도 빛날 수 있도록 나눔과 공유를 통해 도움을 준다는 개념도 포함되어 있다. 내가 속한 산업의 생태계를 활성화하기 위한 노력은 공동체와 사회에 긍정적인 역할을 할 뿐만 아니라 나의 시그니처가 확장되는 길로 연결된다. 혼자가 아니라 함께 성장할 때 시그니처는 더 밝게 빛난다.

자연은
인간다움의 원천이다

> "자연은 인간을 결코 속이지 않는다.
> 우리를 속이는 것은 항상 우리 자신이다."
>
> – 장 자크 루소(Jean-Jacques Rousseau), 철학자

    요즘 한국의 직장인들 사이에서도 '마음챙김 Mindfullness' 명상이 인기라고 한다. 나도 상담심리학 박사과정 때 마음챙김 명상 수업을 들으면서 개인 상담에 활용한 적이 있다. 불안한 정도가 심하고 긴장도가 높은 내담자에게는 우선 3분 동안 마음챙김 호흡과 명상을 진행한다. 그 이후에 상담을 진행하면 훨씬 집중력이 좋아지는 걸 확인할 수 있었다. 실제 마음챙김 명상은 여러 연구에서 긴장을 완화시키고 걱정과 불안 감소에 탁월한 효과가 있다고 밝혀졌다.

    마음챙김 명상은 한마디로 '자신의 숨쉬기에 온 정신을 집중하

는 것'이다. 일상생활에서 우리 마음은 여러 가지 일로 산란하다. 어제 부장님이 나에게 무슨 의도로 그런 말씀을 하신 걸까? 내가 지금 이 일을 잘하고 있는 것일까? 내일 큰 발표가 있는데, 실수하면 어떡하지? 겉으로 보이지 않지만 수많은 생각이 우리 마음을 어지럽힌다. 이런 생각들을 멈추고 지금 여기서 내가 숨 쉬는 데만 집중해서 오롯이 나의 존재를 느껴보는 것이 바로 마음챙김이다. 호흡은 너무 당연한 활동이어서 평소에는 의식하지 못한다. 그러나 호흡은 나라는 생명체가 존재하고 살아 있다는 걸 증명하는 아주 본질적인 활동이다.

나는 마음챙김 명상을 공부하며 이 명상이 나와 나 자신의 연결을 강화하는 데 아주 효과적이라는 사실을 깨달았다. 바쁜 일상을 살아가다 보면 자기 자신과의 연결이 느슨하다는 걸 인식조차 못할 때가 많다. 그런 상태에서는 자신의 감정을 알아차리기도 힘들다. 화가 나는 것 같은데 정확히 어떤 감정인지 잘 모르겠다거나, 기쁜 일이 생기긴 했는데 정말 행복한지 의심이 가는 상태가 되기도 한다. 주변의 상황이 정확하게 인지되지도 않는다.

나의 존재와 내가 단단히 연결되면 나에게 어떤 일이 일어나고 있는지, 외부 자극에 내 마음이 얼마나 동요되는지 명확히 알 수 있다. 나의 욕구와 다양한 감정을 잘 살펴봄으로써 나라는 존재를 존중하는 법도 배울 수 있다.

이 활동을 자연 속에서 하면 훨씬 효과가 좋다. 실제로 많은 사람이 지친 몸과 마음을 치유하기 위해 자연을 찾는다. 머리가 복잡하거나 고민이 있으면 바다를 보러가기도 하고 숲속을 거닐거나 산에 오르면서 어지러운 머릿속을 정리하기도 한다. 자연과의 교감을 통해 나의 본연의 모습이 드러나고 자연스럽게 나 자신과 소통할 수 있기 때문이다.

빌 게이츠 Bill Gates 는 일 년에 두 차례 일주일 동안 해안가 근처 별장에 머물면서 미래에 대한 설계를 하는 '생각 주간 Thinking Week'을 갖는 것으로 유명하다. 외부와 차단한 채 오로지 자연 속에서 자기 자신과 깊은 소통을 나눈다. 빌 게이츠가 세상을 변화시킨 중요한 결정들은 대부분 이 기간에 탄생했다고 한다. 자연 속에서 인간의 사색 수준과 통찰력, 판단력이 높아진 사례다.

인간도 자연의 일부임을 잊지 말아야 한다. 그래서 시그니처의 원천이 되는 나의 본질과 연결되려면 자연과도 연결되어야 한다. 자기다움으로의 회귀는 곧 자연의 일부로서의 회귀를 말한다.

인간이 자연과 단절될 때 생기는 문제들

생물학자 에드워드 윌슨 Edward Osborne Wilson 박사는 "우리 인간에게는 선천적으로 자연과 교감하고 연결되고 싶어하는 본능적인 욕구가 있다"라고 말한다.[8] 그래서 누구에게나 숲과 공원, 바다와 들

판과 같은 자연을 좋아하는 성향이 있다는 것이다. 또 본능적 성향이 발달한 어린 아이들은 성인에 비해 동물과 식물을 좋아하며, 자연으로 돌아갈 나이에 가까워질수록 자연과 전원생활을 하고 싶어 하는 경향이 나타난다고 보았다.

그러나 인간의 본성과는 무관하게 산업화 시대를 지나며 인간과 자연의 관계는 점점 멀어졌다. 이제 환경·기후 문제는 2020년 다보스 포럼의 주요 의제로 등장할 정도로 심각해졌다. 더 큰 문제는 자연이 망가지는 만큼 인간도 피폐해진다는 사실이다. 우리는 첨단기술에 둘러싸인 인공적인 도시에 모여 산다. 흙으로 된 땅 한 발자국 밟기 힘들고 자연의 생물과 접촉하는 빈도는 계속해서 줄어들고 있다. 산업화 시대의 부작용으로 자연은 정복해야 할 대상, 활용해야 할 자원으로 인식하면서 인간은 스스로를 자연으로부터 소외시켰다.

이런 상황은 심리학적으로 인간의 정신 건강을 심각하게 위협한다. 생태심리학을 소개한 시어도어 로작 Theodore Roszak 은 저서 『지구의 외침』에서 미국 정신의학학회가 대인관계 단절이나 일과 개인의 단절로 인한 정신적인 질환들에 대해서만 경고할 뿐 인간과 자연 사이의 단절로 생겨나는 정신적인 문제는 간과했다고 비판했다.[9]

제러미 리프킨 Jeremy Rifkin 교수도 인간과 자연이 멀어지면 어떤 부작용이 나타날지 심리학자들이 경고하지 않았다며, 심리학자들이 중요한 역할을 하고 있지 못하다고 비판했다.[10] 나 역시 사람의 정신 건강을 연구하고 상담하는 입장에서 이런 의견에 동의한다. 실제로 자연과의 접촉이 결핍된 채 다양한 전자 매체의 자극에 반복해서 노출되면 우울증 혹은 주의력결핍과잉행동장애 ADHD가 생기거나 악화되는 임상 사례들을 많이 볼 수 있다.

그뿐만 아니라 인류학자 엘리자베스 로렌스 Lawrence, E.A.는 인간이 상징을 사용하거나 이미지를 만들어내는 능력은 자연에서 영감을 얻을 수 있는데 자연과 단절되면서 그런 능력이 낮아질 수 있다고 말한다.[11] 또 사회학자 스티븐 켈러트 Stephen R. Kellert는 자연과 멀어지면서 인간의 비판적 사고 능력이 줄어들 수 있다고 경고한다.[12] 캐나다, 미국, 스웨덴, 호주의 학교에서 진행한 연구에서는 자연 속 놀이터에서 놀았던 아이들이 인공 놀이터에서 논 아이들보다 훨씬 평등한 인간관계를 맺으며, 창의적이고 상상력이 풍부한 놀이를 하는 경향이 있었다고 밝혔다.[13] 이 원리를 잘 알고 있는 실리콘밸리의 가정에서는 자녀들에게 IT 기기의 사용을 철저히 차단하는 대신 아이들에게 숲교육 같은 자연 친화적인 교육을 강조하고 있다. AI 시대에 기계에 대체되지 않고 더 인간답게, 자기답게 살기 위해서는 생명애 biophilia를 바탕으로 자연과 인간의 관계 회복에 대한 논의와 교육이 더욱 절실해지고 있다.

공감과 공존을 통한 자기다움의 확장

우리나라의 산업화 시대, 경제 발전을 견인해온 바탕에는 국민의 '근면성'이 핵심 덕목으로 자리 잡고 있다. 이 근면성이라는 단어는 영어로 '근면한'industrious이라고 표현이 되며, 이는 '산업'industry이라는 단어와 연결된다. 이 단어들은 산업화 시대에 생산성을 중심에 놓고 인간에게 가장 필요한 덕목을 근면이라고 바라본 시대적 관점을 반영하고 있다.

그러나『노동의 종말』을 쓴 세계적 석학 제러미 리프킨은 급격한 기술 발달과 일에 대한 패러다임의 변화로 새로운 시대 의식이 필요하다고 말한다. 그는『3차 산업혁명』에서 인류가 생존하고 번영하려면 '생물권 의식'을 키워야 한다고 주장한다(참고로, 그는 4차 산업혁명을 3차 산업혁명의 연장선상으로 바라본다). 생물권 의식이란, 인간이 스스로를 생물권에 속한 존재로 인식하고 자연과 연대해서 공생해나가는 것을 말한다.[14]

그렇다면 자연과 인간은 어떻게 공생할 수 있을까? 해법은 바로 '공감'에 있다. 공감이야말로 인공지능이 대체할 수 없는 인간만의 고유한 능력이기도 하다. 미래에는 사회적으로 해결해야 할 문제가 있는 곳, 많은 사람들이 사회적 필요나 요구를 공통적으로 느끼는 곳에서 일자리가 탄생할 것이다. 빠르게 변화하는 시대 속에서 사회적 필요를 알아차리기 위해서는 타인의 고통에 공감하고 사람들의 요구를 알아내 이를 사회문제와 연결시키는 능력이 필수적인데 이 능력의 기반이 되는 것이 바로 인간 고유의 공감 능력이다. 우리가 직면하고 있는 여러 가지 문제 중에 전 세계적으로 인류가 고민하는 이슈가 바로 환경과 기후 문제다. 환경과 기후 문제는 우리의 일상생활과 일하는 방식을 변화시킬 정도로 우리와 밀접한 연관이 있다. 따라서 우리가 지속 가능한 미래와 안전하고 건강한 삶을 꿈꾼다면 타인에 대한 공감을 넘어 환경과 다양한 생명체에 대한 공감이 필요하다.

과거 산업화 시대의 부작용으로 자연은 정복하고 개발해야 할 대상으로 여겨졌다. 그 결과 많은 탄소발자국이 생겼고 환경과 기후 문제가 심각해졌다. 이에 더해 나날이 심각해지는 미세먼지와 세계적인 전염병 창궐로 인류의 건강과 안녕도 큰 위협을 받고 있다. 일부에서는 이를 두고 인류에 대한 지구의 경고라고도 말한다. 인간중심적 사고에 대한 강력한 경고음일 수 있다. 자연에 대한 공감 능력이 어느 때보다 중요한 시대에 이를 높여주는 것이 바로 '인간 겸손human humility'의 자세다. 인간 겸손이란 인간중심적인 시각에서 벗어나 다른 생물권의 입장에서도 생각하고 존중하는 태도를 의미한다. 생물권에 속한 다양한 생명체와 자연에 대해 공감 지수를 높이고 함께 공생할 때 비로소 인류의 지속 가능한 미래와 번영이 가능할 것이다.

이러한 지구의 경고를 발 빠르게 알아차린 일부 기업에서는 드론을 이용한 배달 서비스를 통해 포장용기를 최대한 줄이고, 육류 식품을 실제 동물이 아닌 세포를 배양해서 만드는 등 각종 노력을 기울이고 있다. 환경과 기후 문제를 고려하는 서비스나 기업에 대해 소비자들이 적극적인 지지를 보이는 추세가 증가하고 있다.

기업뿐만 아니라 학교와 개인의 차원에서도 작지만 다양한 노력을 시도하고 있다. 우리나라에서는 2008년 환경교육진흥법이 제정되면서 환경 교육에 대한 관심이 증가하고 있고 일상에서도 환경친화적인 제품을 구매하고 사용하면서 작지만 다양한 실천을 하고 있다. 자연과 인간의 관계 회복은 우리 일상생활과 소비 패턴에 있어서 점점 더 중요한 화두가 되고 있다.

요약하자면 이 책에서 이야기하는 시그니처는 '나'로부터 시작되지만, 역설적으로 나를 뛰어넘어 공동체, 다른 생명체에 대한 존중과 공감을 통해 비로소 더욱 확장되고 완성될 수 있다. 인간만이 느낄 수 있는 자연에 대한 경외감awe은 우리에게 인간 겸손의 자세를 일러주고, 자연의 일부로서 내 존재being 자체가 확장되는 놀라운 경험을 선사한다. 이 놀랍고도 경이로운 경험은 개인의 가지고 있는 시그니처도 확장시킬 수 있는 강인한 생명력과 창의적인 영감을 불어넣는다. 이 마지막 장을 읽고 있는 독자 여러분 모두 자연과의 연대 속에서 보다 큰 시그니처의 확장을 경험해보길 바라며, 여러분만의 시그니처를 향한 여정을 깊이 응원한다.

에필로그

나답게 살아갈
미래를 꿈꾸며

　나는 정말 운이 좋다고 생각한다. 이 책을 읽고 있는 당신도 운이 좋은 사람이다. 우리의 공통분모는 바로 이 변화무쌍한 시대를 살아가는 동시대 사람이라는 점이다. 이전에 어떤 세대도 이렇게 급변하는 시대를 경험하지 못했다. 우리는 아날로그와 인터넷, 스마트폰을 거쳐 인공지능과 다양한 디지털 기술을 경험해오고 있으며 더 나아가 상상도 못했던 새로운 시대를 경험하게 될 것이다. 물론 두렵고 불안하기도 하다. 그러나 한편으로는 변화와 불확실함이 주는 자유로움과 예상치 못한 기회, 다양한 기술이 발전해 세상을 변화시키리라는 기대도 있다.

　인류 역사상 우리는 정말 특별한 세대가 될 것이다. 우리의 일상을 바꾸고 있는 기술, 특히 인공지능은 그 자체로 중립적이고 방향성을 가지고 있지 않다. 기술이 어떤 상황에 어떻게 활용될지는 인간만이 정할 수 있다. 이 변화무쌍한 시대를 인류 번영과 상생의 방향으로 이끌고 갈지, 아니면(그러지 않길 바라지만) 인류 파멸로 이끌고 갈지 바로 현 세대가 밑그림을 그리는 중요한 역할을 맡았다고 생각한다. 이처럼 막중한 시대적 사명에 어깨가 무거울 수도 있다. 그러나 그 무게만큼 의미 있는 일이다. 미래의 방향성에 대해 깊이 고민할 수 있는 동기부여가 되는 것도 사실이다. 미래 방향성에 대한 고민은 우리가 지금 무엇을 하며 어떻게 살아야 하는가에 대한 질문과도 연결되어 있다. 이 역동적인 시대에 우리의 일은 어떤 모습으로 바뀔 것인가? 무엇을 하며 살아야 할까? 많은 사람들이 고민한다.

산업화 시대에 일터에서 획일화와 효율성이 강조되었던 것과 달리 지금의 시대는 우리에게 '조금 더 나답게 살아도 괜찮아'라는 신호를 보내고 있다. 그 신호를 알아차린 사람들은 '나다운 길'을 찾아서 적극적으로 행동한다. 반면 신호를 알아차리긴 했지만, 두려워서 행동으로 옮기지 못하고 머뭇거리는 사람도 있다. 이들은 나다운 길을 걷고 있는 사람을 보며 부러워할 뿐이다. 혹은 이 신호가 무엇을 의미하는지 몰라 우왕좌왕하거나 아예 신호 자체를 알아차리지 못하고 늘 가던 길로 가는 사람도 있다.

무엇이 좋고 나쁘다는 이야기를 하려는 것이 아니라, 이 시대를 살아가는 우리 모습이 이처럼 다양하다는 점을 말하고 싶었다. 그리고 이 시대를 어떤 모습으로 살아가든 불안해하지 말고, 여러분이 원한다면 조금은 더 나답게, 원래 내 모습 그대로 살아도 좋다는 이야기를 이 책을 통해 나누고 싶었다.

사람마다 시그니처는 다르고, 시그니처를 찾는 과정도 다 다르다. 과정은 다르지만, 내가 사람들을 관찰하고 연구한 바에 따르면 시그니처는 온전한 '나의 수용'에서 시작된다는 공통점이 있다. 시그니처는 다른 사람의 기준이나 사회의 기준점에서 비롯되는 것이 아니라 오롯이 자신의 지극히 개인적인 히스토리에서 출발한다. 그것이 결핍일지라도 말이다. 결핍된 부분을 부정하거나 외면하는 것이 아니라 가만히 들여다보고 긍정적으로 수용해줄 때 우리만의 시그니처로 재탄생할 수 있다.

그래서 시그니처는 편안하고 좋은 시절보다 오히려 힘들 때, 극한의 위기 상황을 맞닥뜨렸을 때나 결핍을 경험할 때 그 모습을 드러낸다. 사람들은 저마다 의식하지 못하는 내면의 힘을 갖고 있어서 도전을 받는 상황에 그 힘은 진가를 발휘한다.

나의 경우는 책의 사례에서 종종 나눈 것처럼 유학생 시절이 그런 도전의 시간이었다. 미국 상담심리 박사과정에는 일정 과목의 수업을 들어야 하는 박사 코스웍을 마친 후 대학이나 병원 상담센터에 지원해 12개월 동안 체계적으로 상담 훈련을 받는 인턴십 제도가 있다. 이 인턴십을 마쳐야 졸업이 가능한데 문제는 내가 지원하던 시기에 미국 전역의 인턴십 자리보다 상담심리학 박사

과정의 학생들의 수가 30퍼센트나 많았다. 초과하는 인원만큼 인턴십에 떨어져야 하는 시스템적인 문제가 있는 상황이었다. 그래서 나는 인턴십 준비를 하면서 어떻게 하면 미국인들 사이에서 상대적으로 영어를 잘 못하는 외국인인 내가 경쟁력을 가질 수 있을까 고민이 많았다. 그때 지금은 메릴랜드대학에서 일하고 있는 선배의 조언이 큰 도움이 되었다. 선배는 나의 기준이 미국인이 되면 스스로를 결핍모델로 바라볼 수밖에 없다고 말했다. '나'를 나의 기준으로 삼으라는 것이었다. 그리고 나를 한국과 미국 두 나라에서의 상담 경험이 있는 인터내셔널 상담자라는 강점모델로 바라보라고 조언해주었다.

"스스로 미국인만큼 영어가 유창하지 않고 특유의 악센트가 있는 동양에서 온 외국인 상담자라고 생각하지만 그렇게 주눅들 필요 없어요. 오히려 영어와 한국어를 모두 할 수 있고, 미국의 문화적 시각뿐만 아니라 동양의 문화적 시각도 가지고 있는 특별한 상담자라고 생각해보는 건 어떨까요?"

선배의 조언 덕분에 나는 나를 바라보는 관점을 바꿀 수 있었다. 내가 부족한 사람이 아니라 고유의 강점을 가진 존재라고 인식하는 계기가 되었다. 내가 나에 대한 인식을 바꾸자 주변에서 나를 인식하는 것에도 영향이 있었다. 일터의 동료들도 내가 미국인들 사이에서 문화적, 언어적 다양성을 높여주고 그들이 보지 못하는 새로운 시각과 관점으로 조직에 기여하는 사람으로 인식하고 있음을 느낄 수 있었다. 내가 결핍되어 있고 부족하다고 생각했던 외국인이라는 정체성이 백인 주류인 심리학계에서 남과 다른 시그니처로 자리 잡게 된 경험이었다.

미국에서 나의 시그니처를 찾는 과정의 한 챕터를 정리하고 한국에 오게 되었다. 한국의 환경과 맥락에 새롭게 적응하는 시간을 거치면서 나의 변화된 문화적 맥락에서의 정체성과 역할에 대한 새로운 고민과 질문을 하게 되었다. 그러면서 나답게 일하며 성장하고 행복해지고 싶은 사람들에게 도움을 줄 수 있는 다양한 심리학 이론들과 연구로 증명된 사례들을 보다 많은 사람들과 나누면 어떨까 하는 마음에서 이 책이 시작되었다.

그렇기 때문에 이 책이 일방적으로 가르치거나 정보를 전달하는 책이라기보다는 독자와 소통할 수 있는 책이 되길 바란다. 나 또한 진로심리학자나 교수이기 이전에 무슨 일을 해야 할지 고민하던 대학생이었고, 백인 주류 사회에서 소수자로서 나만의 시그니처를 찾아 고군분투하던 사람이었기 때문이다. 그때의 나도 나이고 지금 이 책을 쓰면서 이 책이 각자의 고유성을 바탕으로 행복하게 일하고 성장하는 데 도움이 되길 바라는 나도 나이다. 그리고 미래에 나는 또 무엇을 하며, 어떤 모습일지 궁금해하며 꿈꾸는 나도 나이다. 과거와 현재와 미래의 '나'가 모여 나만의 시그니처를 만들어간다.

인터뷰에 참여해준 리더들도 마찬가지일 것이다. 그들 역시 한

때는 진로를 고민하던 학생이었고 창업에 실패해 낙담하던 청년이었다. 실패와 좌절, 재도전과 성공, 이런 일련의 과정은 여전히 진행 중이다. 과거의 경험과 현재의 열정, 그리고 미래의 꿈이 만나서 그들의 시그니처로 성장할 것이다. 그래서 결과보다는 그 과정의 이야기 속에서 독자들이 영감과 통찰력을 얻을 수 있었으면 하는 바람이다. 이 책의 완성은 저자인 나도 아니고, 도움을 주셨던 인터뷰 참여자도 아니고, 바로 여러분이다. 사회적 구조가 주는 획일화된 기준점이 아닌 여러분의 다양성에 기반한 기준점을 가지길 바란다. 자신을 결핍모델이 아닌 강점모델의 관점으로 바라보고, 자신의 과거와 현재, 미래를 모두 품은 여러분만의 시그니처를 마침내 꽃피워 이 책을 완성해주기를 진심으로 기대한다.

감사의 말

이 책이 나오기까지 저에게 영감을 주고 응원해주신 모든 분들께 감사의 말을 전합니다. 상담심리학자의 사회적 역할에 대한 통찰을 준 Dr. Lisa Flores, 같은 길을 걸어갈 수 있어서 행운이라고 느끼게 해준 상담심리학 선후배님들, KPN 가족 여러분, 논문으로 시작했던 이 프로젝트가 책이 될 수 있도록 응원해준 친구 장선하, 가장 가까이에서 응원해주었던 친구 조은향 그리고 원고를 읽고 도움 되는 피드백을 주셨던 유재원, 유성경, 양성관, 이동혁, 조윤정 교수님, 강진희, Jeeseon Park-Saltzman, 심예린 박사님, 김의영, 오윤선 님을 비롯하여 소중한 의견 주신 모든 분들께 감사를 전합니다. 독서 모임을 통해 직·간접적으로 생각할 거리와 읽을거리를 나누어주신 임정욱 님, 시그니처 이야기가 멋진 책으로 나올 수 있도록 노력해주신 김다혜 편집자님과 박현미 팀장님, 그리고 다산북스 가족 분들께도 감사드립니다. 마지막으로 나의 모든 시작이자 시그니처를 완성하도록 응원을 아끼지 않았던 부모님, 이원희·신현숙 님께도 이 자리를 빌려 깊은 감사를 전합니다.

부록

인터뷰에 참여한 12인 소개

우리의 삶에서 일에 대한 스토리는
매우 복잡하고 개인적인 과정입니다.

그럼에도 불구하고 용기를 내어
시그니처를 발현하고자 하는 많은 사람에게
도움이 될 수 있는 소중한 경험과 말씀을
나누어주신 분들에 대한 소개를 드립니다.

인터뷰에 참여해주시고, 일하면서 경험했던
심리적인 과정들을 함께 나눠주신
열두 분께 감사의 마음을 전합니다.

토스 Toss 이승건 대표

"확실하게 제가 추구하고자 하는 의미 있는 목표가 있어서
실패가 두렵지 않았어요. 어차피 저는 제가 실패를 하더라
도 그것과 상관없이 계속해서 될 때까지 할 거라는 걸 알았
으니까요."

모바일 금융 플랫폼 토스를 운영하는 비바리퍼블리카의 대표로서 금
융의 혁신을 만들어가고 있다. 창업하기 전에는 치과 의사로 근무했던
그는 공중보건의로 복무했을 때 수많은 책을 읽게 되었고, 거기서 큰
깨달음을 얻었다고 한다. 세상을 의미 있는 곳으로 바꾸는 역할을 해
봐야겠다는 굳은 결의로 시작된 토스는 현재 금융 혁신을 시작으로 사
회 전반의 다양한 변혁을 일으키는 서비스를 만들어가고 있다.

2

스타일쉐어 StyleShare 윤자영 대표

"이미 자기한테 충분한 논리와 이유가 있다면 다른 사람의 의견에 휩쓸리지 말고, 자기 자신에 대한 목소리에 귀 기울이세요. 최대한 공격적으로 나가도 괜찮아요. 다른 사람 말 안 듣는다고 큰일이 일어나는 건 아니에요."

패션과 쇼핑에 유독 관심이 많았던 윤자영 대표는 대학생 시절 100퍼센트 만족하는 쇼핑몰이 없어 아쉬워하던 차에 직접 창업을 결심하게 되었다고 한다. 그렇게 그녀는 지금으로부터 약 8년 전 대학교 3학년 때 대학 지하 주차장 컨테이너 사무실에서 프라이머 권도균 이니시스 창업자의 도움을 받아 1,400만 원으로 스타일쉐어를 만들게 되었다. 1,400만 원의 소자산금으로 시작한 스타일쉐어는 기존에 없던 SNS 커뮤니티 기반의 커머스 서비스를 제공하며 현재, 누적 회원수 550만 명, 연 거래액(2018년 기준) 1,200억 원의 기업으로 성장하였다. 그녀는 〈포브스〉에서 발표한 30세 이하의 영향력 있는 30인 중 컨슈머 테크 분야의 인물로 선정된 바 있다. 데이터와 기술을 바탕으로 소비자 중심의 커뮤니티를 만들어가면서 고객들의 큰 사랑을 받고 있는 기업으로 성장하고 있으며, 우리나라의 10대에서 20대의 여성들 중 약 70퍼센트 이상이 스타일쉐어 서비스를 쓰고 있다고 한다. 지금도 스타일쉐어는 계속해서 성장 스토리를 만들어나가고 있다.

글로우 레시피 Glow Recipe 사라 리 Sarah Lee 대표

"미래에는 과정을 즐기지 않으면 인생이 우울해질 수 있어
요. 우리가 하는 일의 결과가 어차피 예측하기 힘든 거라
면, 문제를 하나하나 풀어가는 과정 자체에 집중하고 즐겨
보세요. 그러면 그 과정들이 모여서 당신만의 경쟁력이 되
어있을 거예요."

전 세계에 K-뷰티의 우수성을 알리고자 2014년 미국에서 창업했다.
그녀는 2004년부터 로레알 한국 지사에서 근무하다가 2008년에 뉴욕
의 글로벌 팀에 조인하면서 11년간 대기업에서 경험을 쌓았다. 언어와
문화적 한계로 인하여 미국 소비자들에게 K-뷰티의 우수성이 제대로
소개되지 않고 있다는 점에 착안해서 동료였던 크리스틴 창 Christine Chang
과 공동 창업을 하였다. 창업 바로 다음 해에는 다양한 분야의 사업가
들이 백만장자 앞에서 사업 설명을 하고 투자를 얻어내는 형태의 리얼
리티 프로그램인 「샤크 탱크 Shark Tank」에 출연하여 4만 명의 도전자 중
에 최종 선정되었다. 이후 글로우 레시피는 미국 전역의 세포라 매장
에 자체 브랜드 입점에 성공하면서, 런칭 제품마다 세포라에서 1위 랭
킹을 차지하며 글로벌 브랜드로 성장하고 있다.

4

옐로우독 Yellowdog 제현주 대표

"당위에 대한 판단, 우열에 대한 감각을 모두 내려놓고 그저 자기 자신이 어떤 사람인지, 어떤 욕구에 반응하고 어떤 두려움을 갖고 있는지 잘 이해하는 게 중요합니다. 외부상황이 급변하고 너무 많은 정보가 필요할 때 나침반은 오히려 자기 안에 있기 마련입니다."

카이스트에서 산업 디자인을 전공한 제현주 대표는 경영 컨설팅 업체 맥킨지를 시작으로 사모펀드 운용사 칼라일에서 투자 분야 전문가로 10여 년간 일하다가 자신과 일의 관계에 대한 근본적인 질문을 던지게 되면서 퇴사했다. 2010년 직장을 떠난 후 6년 동안 책을 쓰고 번역 작업을 하고 팟캐스트를 진행하는 등 명확하게 외부의 기준으로 규정할 수 없는 자신만의 일을 찾아 다양한 활동해왔다. 그리고 이런 일련의 경험을 담아 『일하는 마음』, 『내리막 세상에서 일하는 노마드를 위한 안내서』를 썼다. 현재는 한국의 대표적인 임팩트 투자사 옐로우독 대표로서 여성 리더의 좋은 역할모델이 되고 있다.

크래프톤 Krafton 장병규 의장

"미래에는 남들이 다 가는 길로 가는 것이야 말로 자동화와 인공지능에 가장 빨리 대체되는 길이라는 것을 알아야 해요. 누구나 다 하는 일이 아닌 자기만이 할 수 있는 독특한 일을 할수록 기계가 대체하지 못하는 경쟁력을 가지는 것이죠."

대통령 직속 4차 산업혁명위원회 초대 위원장으로 활동했으며 한국의 대표적인 창업가이자 투자가로 손꼽히는 인물이다. 네오위즈의 공동 창업자로 크게 성공했고, 2006년에는 검색 스타트업 '첫눈'을 NHN에 매각, 이후 게임 제작사인 '블루홀 스튜디오'를 공동 창업했다. 또한 게임 전문 기업 '크래프톤 Krafton' 이사회 의장을 맡고 있다. 크래프톤은 글로벌 게임 중에 하나인 '배틀그라운드'를 탄생시킨 '펍지'와 온라인 게임 '테라'를 만든 '블루홀' 등을 산하에 두고 있다. 펍지는 2018년 게임 배틀그라운드 이용자 수가 전 세계 4억 명을 돌파했다고 밝혔다. 크래프톤은 2018년 매출 1조 1200억 원, 영업이익 3,002억 원을 기록했다. 또한 장병규 의장은 경제 매체 〈포브스〉가 선정한 '2019년 한국 부자 순위 50'에서 47위에 오르기도 했다. 연쇄 창업의 경험을 바탕으로 2명의 파트너와 함께 초기 스타트업에 투자하는 '본엔젤스'를 설립하여 고문 역할도 하고 있다.

휴먼스케이프 Humanscape 장민후 대표

"부족한 부분보다 자신의 강점에 집중하세요. 그리고 동료
의 부족한 부분보다 동료와 내가 서로 팀에 기여할 수 있는
부분에 집중하세요."

휴먼스케이프는 희귀 질환 환자들이 직접 생성한 데이터로 가치를 창
출하고 치료제 개발과 연구에도 기여하는 스타트업 기업이다. 헬스케
어 · 의료 분야에서는 카카오 블록체인 플랫폼의 첫 번째 파트너가 되
었고, 각각 국내를 대표하는 제약회사, 벤처 캐피털인 녹십자홀딩스,
한국투자파트너스로부터 투자를 유치하는 등 꾸준한 성장세를 보이
고 있다. 장민후 대표는 희귀 난치 질환을 앓고 있는 환자 수가 전 세계
약 3억 5,000만 명, 국내 약 70만 명에 이르렀음에도 적절한 치료법이
개발된 질환은 단 5퍼센트에 불과하다는 것에 착안해서 회사를 만들
게 되었다고 한다.

7
매쉬업엔젤스 MashupAngels 이택경 대표

"공동 창업자들이 함께 일할 때, 열린 마음을 가지고 서로 믿고 의지하며 보완할 수 있는지, 즉 신뢰할 수 있는 관계 인지 아닌지가 투자 여부를 결정하는 중요한 포인트가 되 지요."

국내 '1세대 벤처 신화'로 알려진 이택경 대표는 대학원을 졸업하고 1995년 인터넷 시대의 등장과 함께 이재웅 대표와 '다음 Daum'을 창업 한 CTO/C&C 본부장이다. 2010년 다른 벤처 1세대와 함께 국내 최 초의 스타트업 액셀러레이터 창업기획자인 '프라이머'를 설립했으며, 초기 스타트업의 동반자 역할을 하는 초기 투자사인 '매쉬업엔젤스'를 다시 창업하여 현재 한국의 대표적인 ICT 초기 투자사로 활발하게 활동하 고 있다.

8
크레비스파트너스 Crevisse Partners 김재현 대표

"미래 세대는 삶이 개인적으로, 사회적으로 어떤 의미가 있는지를 좀 더 체감하는 세대라 생각합니다. 더 많이 탐색·탐험하고, 더 많이 교류·공유하고, 더 많이 도전·베풀 수 있는 세대가 되길 기대합니다."

임팩트 투자라는 개념이 아직 한국에 알려져 있지 않던 2002년, 재학 중에 창업하여 18년간 크레비스파트너스의 대표이사로 재직하고 있다. 교육, 환경 등 다양한 사회문제와 관련된 20여개 이상의 사업에 투자하고 지원하며, 사회에 좋은 영향력을 주면서 수익을 내는 모델을 개발하는 것에 중점을 두고 있다. 2014년부터 소프트뱅크 후계자 그룹으로 선정되었으며, 2018년부터 국내 1호 민관출자 임팩트 투자 펀드 '크레비스 임팩트 벤처 펀드 1호'를 운용하고 있다.

팜스킨 Farmskin 곽태일 대표

"지금까지 당연하게 해왔던 것에 대해 질문을 던져보세요. 당연하지 않은 답을 찾으실 수 있을 거예요. 제가 그랬던 것처럼요."

팜스킨은 국내 농가에서 연간 4만 여 톤씩 버려지던 젖소의 초유로 화장품을 만들고 있는 스타트업 기업이다. 팜스킨의 곽태일 대표는 '왜 안 될까?'에 대한 질문에서 모든 것이 시작되었다고 말한다. 당연하게 버려지는 초유를 보고 '저걸 버리지 않고 활용할 수 있는 방법은 없을까?' 고민했던 것이 팜스킨의 시작이었다.

곽 대표는 "저는 농촌은 개발되지 않은 유전 oilfield이라고 생각합니다. 자신만의 시각으로 우리 농촌을 바라본다면 할 수 있는 것이 무궁무진할 겁니다. 새로운 부가 가치를 충분히 발굴해낼 수 있는 곳입니다. 많은 사람들이 우리 농촌에 관심을 가졌으면 좋겠습니다"라고 전하며 농촌이 오히려 비즈니스의 기회가 가득한 곳이라고 조언한다.

10

TCK 인베스트먼트 마크 테토 Mark Tetto

"제가 좋아하는 말 중에 일보일경(一步一景)이라는 말이 있
는데요. 일도 비슷한 것 같아요. 한 걸음 걸을 때마다 자신
에게 주어진 길을 음미하고, 또 다음 단계로 넘어가면서 자
신만의 길을 만들고, 그 과정을 즐기는 자세가 필요한 것
같아요."

마크 테토는 현재 서울과 런던에 지사를 두고 있는 TCK투자전문회사
에서 파트너로 일하고 있다. 한국 문화재에 대한 남다른 사랑으로 박
물관에 한국 문화유산을 기증하기도 하고, 서울 명예시민이기도 한 그
는 한옥에 살면서 한옥과 한국 문화재의 아름다움을 많은 사람과 나누
면서 남다른 한국 사랑을 보여주고 있다.

레드테이블REDTABLE 도해용 대표

"외부에서 새로운 것을 찾기보다 자신이 현재 가지고 있는 것들을 잘 들여다보면 거기서 좋은 답이, 그리고 좋은 아이디어가 나올 수 있습니다."

레드테이블은 외식 산업에 빅데이터를 접목하여 모바일로 소비자들이 손쉽게 레스토랑의 정보를 찾을 수 있는 서비스를 제공하고 있다. 도해용 대표는 외식업은 규모가 매우 큰 분야지만 다른 산업에 비해 상대적으로 IT 기술이 많이 적용되어 있지 않다는 점에 착안해서 창업하게 되었다고 한다. 레드테이블은 한국에 오는 외국인 관광객들을 대상으로 다국어로 레스토랑 정보와 요리에 대한 정보를 제공하며, 한국 사람들의 추천 리뷰에 근거한 랭킹을 만들어 한국 현지인들이 추천하는 맛집 정보를 제공하고 있다. 사업 초기에 공공 데이터 활용 창업 경진 대회에서 대통령상을 받기도 하였다.

킹스베이 캐피털 KingsBay Capital 신명철 Daniel Shin 대표

"우리가 가진 결핍을 부정적으로 생각하잖아요. 그런데 그것이 경제적인 결핍이든 관계에서 오는 결핍이든 저는 개인이 가지고 있는 각자의 결핍을 극복하려는 지속적인 노력이 성공의 주요한 요체라고 생각합니다."

신명철 대표는 VC로 20년간 활동하고 있으며, 동시에 독일 브랜드 MCM에서 기술과 패션을 접목하며 자신만의 독특한 영역을 만들어 가고 있다. 더불어 고려대학교 경영학과 겸임 교수로 교육과 정책 제언에 힘쓰고 있다.

13
바로 당신

구글이나 애플, 아마존과 같은 해외 기업의 사례들이 더 익숙하게 와 닿겠지만 국내에서 시작한 지 얼마 되지 않은 스타트업 리더들의 사례를 발굴하고 심층 인터뷰를 진행한 이유가 있다. 이 책을 읽는 독자들과 비슷한 사회적 맥락과 시대를 살아가는 이들의 현재 진행 중인 생생한 이야기를 전하고 싶었기 때문이다. 이는 나와 관계없는 먼 나라의 이야기가 아니라, 바로 지금 여기 한국이라는 곳에서 일어나고 있는 이야기, 나와 당신과 우리들의 이야기다. 이 책을 읽고 있는 당신에게도 이들처럼 자신만의 시그니처로 성공할 수 있는 잠재 능력이 분명히 있다. 이 마지막 장은 당신을 위한 장이다. 시그니처를 향한 당신의 이야기로 완성하기 바란다.

"당신의 시그니처는 무엇입니까?"

The Road I've Taken

Lee, H-S.

The road I've taken was doubtable and questionable
by others.

People said, "There are no sings pointing to the direction,
you should take another road for your destination"

Yes, I know.
The road I've taken was challenging
to take even a small step forward in the beginning.

However, I could feel my heart was beating,
and I hung on a little light blinking.

The little twinkling light guided not only my way,
but also a few other travelers' ways.

As we walked and talked together,
The road I've taken became wider and clearer.

Yes, the road I've taken was not a predictable or easy one,
but I can say, it was enough rewarding and gratifying one.
Shall we walk together, my precious one?

내가 선택한 길

이항심

내가 선택한 길은
사람들에게 미심쩍었고 의심스러웠다.

사람들은 말했다.
"그 길에는 표지판이 없어요.
목표한 곳에 가려면 다른 길을 선택해서 가세요."

그랬다. 내가 선택한 길은 처음에
한 발자국 앞으로 나가는 것조차 힘들었다.

그러나, 나는 내 심장이 뛰는 것을 느낄 수 있었고
그래서 깜빡이는 작은 등불을 걸어 놓았다.

그 작은 반짝이는 작은 불빛은 나의 길 뿐만이 아니라
몇몇의 다른 여행자들의 길도 밝혀주었다.

우리가 함께 이야기하며 걸을수록,
내가 선택한 길은 점점 넓어지고 명확해졌다.

내가 선택한 길은 예측 가능하거나, 쉬운 길은 아니었지만
가치 있고 만족감을 주는 길이었다고 말할 수 있다.
나의 소중한 사람이여, 우리 함께 걸어볼래요?

참고문헌

1부 새로운 일의 시대가 온다
불안하게 일할 것인가, 대체 불가능한 나로 성장할 것인가

1. 강명구(2018), 『아무도 알려주지 않은 4차 산업혁명 이야기』, 키출판사.
2. Michael Jensen & William H. Meckling. (1976). Theory of Firm: Managerial Behavior, Agency Costs and Ownership Structure. *Journal of Financial Economics, 3*, 305-360.
3. 제리 밀러, 김윤경 역(2020), 『성과지표의 배신』, 궁리.
4. 애덤 그랜트, 윤태준 역(2013), 『기브 앤 테이크』, 생각연구소.
5. GIIN Annual Impact Investeor Survey 2019: 언론 보도
6. 디자인 편집부(2019), 「워크 디자인 WORK DESIGN : 02 New Worker」, 디자인하우스.
7. Wrzesniewski, A., McCauley, C., Rozin, P., & Schwartz, B. (1997). Jobs, careers, and callings: People's relations to their work. *Journal of Research in Personality, 31*, 21-33.
8. Dobrow, S. R., & Tosti-Kharas, J. (2011). Calling: The development of a scale measure. P*ersonnel Psychology, 64*, 1001-1049.
9. Wrzesniewski, A., McCauley, C., Rozin, P., & Schwartz, B. (1997). Jobs, careers, and callings: People's relations to their work. *Journal of Research in Personality, 31*, 21-33.
10. Park, J., Sohn, Y. W., &Ha, Y. J. (2016). South Korean salespersons' calling, job performance, and organizational citizenship behavior: The mediating role of occupational self-efficacy. *Journal of Career Assessment, 24*, 415-428.

11. Lee, H-S., Lee, E. S., & Shin, Y. J. (2020). The Role of Calling in a Social Cognitive Model of Well-Being. *Journal of Career Assessment, 28*, 59-75.

12. Neubert, M. J., & Halbesleben, K. (2015). Called to commitment: An examination of relationships between spiritual calling, job satisfaction, and organizational commitment. *Journal of Business Ethics, 132*, 859-872.

13. Savickas, M. L. (1997). Career adaptability: An integrative construct for life-span, life-space theory. *The Career Development Quarterly, 45*, 247-259.

14. Hall, D. T. (2004). The Protean Career. A Quarter-century journey. *Journal of Vocational Behavior, 65*, 1-13.

15. Hall, D. T. (1996). Protean careers of the 21st century. *Academy of Management Perspectives, 10*, 8-16.

16. DeFillippi, R. J., & Arthur, M. B. (1994). The boundaryless career: A competency-based perspective. *Journal of Organizational Behavior, 15*, 307-324.

17. 매튜 D. 리버먼, 최호영 역(2015),『사회적 뇌 인류 성공의 비밀』, 시공사.

18. Luthans, F., Luthans, K. W., & Luthans, B. C. (2004). Positive psychological capital: Beyond human and social capital. *Business Horizons, 47*, 45-50.

19. Seligman, M. E. P., & Csikszentmihalyi, M. (2000). Positive psychology: An introduction. *American Psychologist, 55*, 5 - 14.

2부 시그니처를 키우는 심리 자산이란
나만의 시그니처로 성공한 사람들의 7가지 비밀

1. 손요한(2019),「이동건 대표 "명함을 달라는 작은 용기가 마이리얼트립을 있게 했다」, Platum., https://platum.kr/archives/115158

2. Krumboltz, J. D. (2009). The happenstance learning theory. *Journal of Career Assessment, 17*, 135-154.

3. 임은미 외 9인(2017),『진로진학상담 기법의 이론과 실제』, 사회평론.

4. 「What I learned from 100 days of rejection | Jia Jiang」, TED., https://www.youtube.com/watch?v=-vZXgApsPCQ

5. Stiensmeier-Pelster, J., Balke, S., & Schlangen, B. (1996). Learning goal orientation vs. performance goal orientation as determinants of learning progress. *Zeitschrift für Entwicklungspsychologie und Pädagogische Psychologie, 28*, 169-187.

6. Bandura, A. (1977). Self-efficacy: Toward a unifying theory of behavioral change. *Psychological review, 82*, 191-215.

7. Lent, R. W., & Brown, S. D. (2008). Social cognitive career theory and subjective well-being in the context of work. *Journal of Career Assessment, 16*, 6-21.

8. Bnadura, A. (1997). *Self-efficacy: The exercise of control.* New York: Freeman.

9. Chesney, M. A., Neilands, T. B., Chambers, D. B., Taylor, J. M., & Folkman, S. (2006). A validity and reliability study of the coping self-efficacy scale. *British Journal of Health Psychology, 11*, 421-437.

10. Lent, R. W., Brown, S. D., Schmidt, J., Brenner, B., Lyons, H., & Treistman, D. (2003). Relation of contextual supports and barriers to choice behavior in engineering majors: Test of alternative social cognitive models. *Journal of Counseling Psychology, 50*, 458-465.

11. Stout, J. G., Dasgupta, N., Hunsinger, M., & McManus, M. A. (2011). STEMing the tide: using ingroup experts to inoculate women's self-concept in science, technology, engineering, and mathematics (STEM). *Journal of Personality and Social Psychology, 100*, 255-270

12. Morrison, M. A., & Lent, R. W. (2018). The working alliance, beliefs about the supervisor, and counseling self-efficacy: Applying the relational efficacy model to counselor supervision. *Journal of Counseling Psychology, 65*, 512-522.

13. Jackson, B., Myers, N. D., Taylor, I. M., & Beauchamp, M. R. (2012). Relational efficacy beliefs in physical activity classes: A test of the tripartite model. *Journal of Sport and Exercise Psychology, 34*, 285-304

14. Lent, R. W. (2016). Self-efficacy in a relational world: Social cognitive

mechanisms of adaptation and development. *The Counseling Psychologist*, *44*, 573-594.

15. Owens, G., Scott, J., & Blenkinsopp, J. (2013, November). *The impact of spousal relationships on business venture success*. In Institute for Small Business & Entrepreneurship conference 2013.

16. 정선언(2018),「탁월한 창업가는 무엇이 다른가: VC 한킴이 발굴한 한국의 유니콘」, 폴인.

17. Lee, H-S., Hunger, K., Kim, S., Kao, K., Fu, J., & Kim, M. (2016, August). *Enhancing positive academic adjustment of international students and American students*. Poster presented at the American Psychological Association, Denver, CO.

18. Bandura, A. (1997). *Self-efficacy: The exercise of control*. New York: Freeman.

19. Yuan, F., & Woodman, R. W. (2010). Innovative behavior in the workplace: The role of performance and image outcome expectations. *Academy of Management Journal*, *53*, 323-342.

20. Lent, R. W., Nota, L., Soresi, S., Ginevra, M. C., Duffy, R. D., & Brown, S. D. (2011). Predicting the job and life satisfaction of Italian teachers: Test of a social cognitive model. *Journal of Vocational Behavior*, *79*, 91-97.

21. Lee, E. S., & Shin, Y. J. (2017). Social cognitive predictors of Korean secondary school teachers' job and life satisfaction. *Journal of Vocational Behavior*, *102*, 139-150.

22. 할 엘로드, 김현수 역(2016),『미라클 모닝』, 한빛비즈.

23. 앤절라 더크워스, 김미정 역(2019),『그릿』, 비즈니스북스.

24. Dugan, R., Hochstein, B., Rouziou, M., & Britton, B. (2019). Gritting their teeth to close the sale: the positive effect of salesperson grit on job satisfaction and performance. *Journal of Personal Selling & Sales Management*, *39*, 81-101.

25. 김지영, 김우철 (2018). Work-Grit의 개념과 HRD 분야의 활용 가능성에 대한 탐색적 연구, 휴먼웨어 연구, *1*, 25-48.

26. 패티 맥코드, 허란 · 추가영 역(2018), 『파워풀』, 한국경제신문사.

27. 제인 더턴, 그레첸 스프레이처, 애덤 그랜트 외 14명, 윤원섭 역(2018), 『포지티브 혁명』, 매일경제신문사.

3부 심리 자산은 어떻게 길러지는가
시그니처를 꽃피우는 일터와 환경

1. 원어는 'Psychological Safety'이며, 『두려움 없는 조직』에서는 '심리적 안정감'이라고 번역하였으나, 이 책에서는 '심리적 안전감'이라고 사용하기로 한다.

2. Rock, D. (2009). *Managing with the brain in mind*, PwC Strategy &.

3. Edmondson, A. (1999). Psychological safety and learning behavior in work teams. *Administrative Science Quarterly*, *44*, 350-383.

4. Schein, E. H. (1992). How can organizations learn faster?: The challenge of entering the Green Room. *Sloan Management Review*, 85-92.

5. May, D. R., Gilson, R. L., & Harter, L. M. (2004). The psychological conditions of meaningfulness, safety and availability and the engagement of the human spirit at work. *Journal of Occupational and Organizational Psychology*, *77*, 11-37.

6. 에이미 에드먼슨 저, 최윤영 역(2019), 『두려움 없는 조직』, 다산북스.

7. 윤선영(2019), 「직원 '심리적 안정' 때 회사 성과 날아오른다」, 매일경제., https://www.mk.co.kr/news/business/view/2019/02/67458/

8. 양동민, 이희정, 심덕섭 (2009). 심리적 안전감과 상사 신뢰가 조직 몰입 및 직무성과에 미치는 영향: 조직 후원인식의 매개 효과. *The Korean Journal for Human Resource Development*, *11*, 179-202.

9. Ulusoy, N., Mölders, C., Fischer, S., Bayur, H., Deveci, S., Demiral, Y., & Rössler, W. (2016). A matter of psychological safety: commitment and mental health in Turkish immigrant employees in Germany. *Journal of Cross-Cultural Psychology*, *47*, 626-645.

10. 문은미, 이주희(2016). 사회 초년생이 직업적응과정에서 경험하는 어려움: 중

소기업에 취업한 대학 졸업자를 중심으로. 한국 심리학회지: 상담 및 심리 치료, 28, 743-755

11. Rosenberg, M. (1985). Self-concept and psychological well-being in adolescence. In R. Leahy (Ed.), *The development of the self* (pp. 205 – 246). New York, NY: Academic Press.

12. Rayle, A. D. (2006). Do school counselors matter? Mattering as a moderator between job stress and job satisfaction. *Professional School Counseling, 9*, 206-215.

13. Connolly, K. M., & Myers, J. E. (2003). Wellness and mattering: The role of holistic factors in job satisfaction. *Journal of Employment Counseling, 40*, 152-160.

14. Corbière, M., & Amundson, N. E. (2007). Perceptions of the ways of mattering by people with mental illness. *The Career Development Quarterly, 56*, 141-149.

15. Rowe, M. (2008). Micro-affirmations and micro-inequities. *Journal of the International Ombudsman Association, 1*, 45-48.

16. Lee, H-S (2016). Application of Micro-affirmations to Advising and Mentoring International Students in the U.S. *The Newsletter of Positive Psychology: Theory and Application, 11*, 5-8.

17. 김규리(2017),「'글로벌 10위' 선언한 메디힐, 남다른 직원 복지로 '눈길'」, 매일 경제., https://www.mk.co.kr/news/business/view/2017/06/435584/

18. 최진홍(2020),「[해피컴퍼니] 직원에 사랑고백하는 달달한 기업, 와디즈」, ECONOMIC REVIEW., http://www.econovill.com/news/articleView.html?idxno=386672

19. Fredrickson, B. L. (2001). The role of positive emotions in positive psychology: The broaden-and-build theory of positive emotions. *American Psychologist, 56*, 218-226.

20. Lee, H-S., & Flores, L. Y. (2019). Testing a social cognitive model of well-being with women engineers. *Journal of Career Assessment, 27*, 246-261.

21. Woo, M., Choi, B., & Yang, H (2019). 긍정심리학 관점의 접근: 긍정정서와 성
    격강점이 조직 몰입과 직무 만족에 미치는 영향. *Asia Pacific Journal of Multi-
    media Services Convergent with Art, Humanities, and Sociology, 9*, 937-951.

22. Keyes, C. L. (2002). The mental health continuum: From languishing to
    flourishing in life. *Journal of Health and Social Behavior, 43*, 207-222.

23. Wong, Y. J., McKean Blackwell, N., Goodrich Mitts, N., Gabana, N. T., & Li,
    Y. (2017). Giving thanks together: A preliminary evaluation of the Gratitude
    Group Program. *Practice Innovations, 2*, 243-257.

24. Lent, R. W. (2004). Toward a unifying theoretical and practical perspective
    on well-being and psychosocial adjustment. *Journal of Counseling Psychol-
    ogy, 51*, 482-509.

25. Duffy, R. D., Dik, B. J., & Steger, M. F. (2011). Calling and work-related out-
    comes: Career commitment as a mediator. *Journal of Vocational Behavior,
    78*, 210-218.

26. Duffy, R. D., Allan, B. A., Autin, K. L., & Bott, E. M. (2013). Calling and life
    satisfaction: It's not about having it, it's about living it. *Journal of Counseling
    Psychology, 60*, 42-52.

27. Lee, H-S., Lee, E. S., & Shin, Y. J. (2020). The Role of Calling in a Social
    Cognitive Model of Well-Being. *Journal of Career Assessment, 28*, 59-75.

28. Brown, S. D., & Ryan Krane, N. E. (2000). Four (or five) sessions and a cloud
    of dust: Old assumptions and new observations about career counseling. In S.
    D. Brown & R. W. Lent (Eds.), *Handbook of counseling psychology* (3rd ed.,
    pp. 740 - 766). New York, NY: Wiley.

29. Dik, B. J., & Steger, M. F. (2008). Randomized trial of a calling-infused ca-
    reer workshop incorporating counselor self-disclosure. *Journal of Vocational
    Behavior, 73*, 203 - 211. doi:10.1016/j.jvb.2008.04.001

30. 제인 더턴, 그레첸 스프레이처, 애덤 그랜트 외 14명, 윤원섭 역(2018), 『포지
    티브 혁명』, 매일경제신문사.

31. Wrzesniewski, A., & Dutton, J. E. (2001). Crafting a job: Revisioning em-
    ployees as active crafters of their work. *Academy of Management Review, 26*,

179-201.

32. Meyers-Levy, J., & Zhu, R. (2007). The influence of ceiling height: The effect of priming on the type of processing that people use. *Journal of Consumer Research, 34*, 174-186.

33. 정재승 (2014). 신경건축학: 뇌에게 행복의 공간에 대해 묻다. 환경논총, *53*, 58-62.

34. 퍼시스(2017),『사무환경이 문화를 만든다』, 퍼시스북스.

35. Bronfenbrenner, U. (1979). *The ecology of human development*. Harvard university press.

36. Spencer, S. J., Steele, C. M., & Quinn, D. M. (1999). Stereotype threat and women's math performance. *Journal of Experimental Social Psychology, 35*, 4-28.

37. 정주영(2018),『하버드 상위 1퍼센트의 비밀』한국경제신문.

38. Duffy, R. D., Blustein, D. L., Diemer, M. A., & Autin, K. L. (2016). The psychology of working theory. *Journal of Counseling Psychology, 63*, 127-148.

39. Diemer, M. A., McWhirter, E. H., Ozer, E. J., & Rapa, L. J. (2015). Advances in the conceptualization and measurement of critical consciousness. *The Urban Review, 47*, 809-823.

4부 시그니처를 확장하기 위한 마인드셋, A. I. 하라
수용Acceptance 하고 통합Integration 하는 미래의 일 마인드

1. 가영희(2006). 성인의 직장-가정 갈등이 영역별 만족도와 주관적 삶의 질에 미치는 영향. 한국심리학회지:여성, *11*, 163-186.

2. Greenhaus, J. H., & Powell, G. N. (2006). When work and family are allies: A theory of work-family enrichment. *Academy of Management Review, 31*, 72-92.

3. McNall, L. A., Nicklin, J. M., & Masuda, A. D. (2010). A meta-analytic review of the consequences associated with work – family enrichment. *Journal*

of Business and Psychology, 25, 381-396

4. Lee, H-S. (March, 2015). *Increasing job satisfaction of Women engineers with a Work-Family Enrichment perspectives.* Poster presented at Association for Women in Psychology. Sanfrancisco, CA

5. 임고은(2019), 「AI 채용 확대-현실 쟁점은」, 월간 노동법률, https://www.worklaw.co.kr/view/view.asp?in_cate=104&gopage=1&bi_pidx=28875

6. Wilson, B., Hoffman, J., & Morgenstern, J. (2019). Predictive inequity in object detection. *arXiv preprint arXiv:1902*.11097.

7. 사티아 나델라, 최윤희 역(2018), 『히트 리프레시』흐름출판.

8. Wilson, E. O. (2017). Biophilia and the conservation ethic. *In Evolutionary perspectives on environmental problems* (pp. 263-272). Routledge.

9. Roszak, T. (1992). The Voice of Earth. New York: Simon & Schuster.

10. 제러미 리프킨, 안진환 역(2012), 『3차 산업혁명』, 민음사.

11. Lawrence, E. A. (1993). The sacred bee, the filthy pig, and the bat out of hell: Animal symbolism as cognitive biophilia. *The Biophilia Hypothesis*, 301-341.

12. Kellert, S. R. (2002). Experiencing nature: Affective, cognitive, and evaluative development in children. *Children and nature: Psychological, sociocultural, and evolutionary investigations*. Cambridge, MA: MIT press, 124-125.

13. Taylot, A. F., Wiley, A., Kuo, F., & Sullivan, W.(1998). Growing up in the inner city: Green Spaces as Places to Grow: *Environment and Behavior*, 30, 3-27.

14. 제러미 리프킨, 안진환 역(2012), 『3차 산업혁명』, 민음사.

새로운 시대를 대비하는 나만의 경쟁력

시그니처

초판 1쇄 발행 2020년 4월 23일
초판 5쇄 발행 2022년 1월 5일

지은이 이항심
펴낸이 김선식

경영총괄 김은영
책임마케터 이고은
콘텐츠사업5팀장 박현미 **콘텐츠사업5팀** 차혜린, 마가림, 김민정, 이영진
마케팅본부장 권장규 **마케팅2팀** 이고은, 김지우
미디어홍보본부장 정명찬 **홍보팀** 안지혜, 김민정, 이소영, 김은지, 박재연, 오수미
뉴미디어팀 허지호, 박지수, 임유나, 송희진, 홍수경
저작권팀 한승빈, 김재원 **편집관리팀** 조세현, 백설희
경영관리본부 하미선, 박상민, 김소영, 안혜선, 윤이경, 이소희, 이우철, 김재경, 최완규, 이지우, 김혜진, 오지영
외부스태프 편집 조창원, 본문 조판 김보형, 표 작업 김해

펴낸곳 다산북스 **출판등록** 2005년 12월 23일 제313-2005-00277호
주소 경기도 파주시 회동길 490 다산북스 파주사옥
전화 02-704-1724 **팩스** 02-703-2219 **이메일** dasanbooks@dasanbooks.com
홈페이지 www.dasan.group **블로그** blog.naver.com/dasan_books
종이 (주)한솔피앤에스 **출력·인쇄** (주)갑우문화사

ISBN 979-11-306-2947-6 (03320)

다산북스(DASANBOOKS)는 독자 여러분의 책에 관한 아이디어와 원고 투고를 기쁜 마음으로 기다리고 있습니다. 책 출간을 원하는 아이디어가 있으신 분은 다산북스 홈페이지 '투고원고'란으로 간단한 개요와 취지, 연락처 등을 보내주세요. 머뭇거리지 말고 문을 두드리세요.